**이기적이라
살아남았습니다**

이기적이라 살아남았습니다 : 얍삽한데 귀엽고 치열한데 슬픈 66종의 생물 도감

초판 1쇄 발행 2021년 7월 20일

글 이마이즈미 다다아키 / **그림** 모리마쓰 데루오 / **옮김** 김지연 / **감수** 이정모
총괄 임규근 / **책임편집** 고현진 / **기획·편집** 김영훈
교정교열 송미경 / **디자인** 천승훈
영업 문윤식, 조유미 / **마케팅** 박상용, 손희정, 박수미 / **제작** 박성우, 김정우

펴낸곳 한빛라이프 / **주소** 서울시 서대문구 연희로 2길 62
전화 02-336-7129 / **팩스** 02-325-6300
등록 2013년 11월 14일 제25100-2017-000059호
ISBN 979-11-90846-21-3 73470

한빛라이프는 한빛미디어(주)의 실용 브랜드로 우리의 일상을 환히 비추는 책을 펴냅니다.

이 책에 대한 의견이나 오탈자 및 잘못된 내용에 대한 수정 정보는 한빛미디어(주)의 홈페이지나 아래 이메일로
알려주십시오. 잘못된 책은 구입하신 서점에서 교환해 드립니다. 책값은 뒤표지에 표시되어 있습니다.

한빛미디어 홈페이지 www.hanbit.co.kr / 이메일 ask_life@hanbit.co.kr
페이스북 facebook.com/goodtipstoknow / 포스트 post.naver.com/hanbitstory

MOTTO ZURUI IKIMONO ZUKAN
by Tadaaki Imaizumi
Copyright © 2020 Tadaaki Imaizumi
Original Japanese edition published by Takarajimasha, Inc.
Korean translation rights arranged with Takarajimasha, Inc.
Through JM Contents Agency Co., Korea.
Korean translation rights © 2021 by Hanbit Media Inc.

이 책의 한국어판 저작권은 JM에이전시를 통한 宝島社와의 독점계약으로 한빛미디어(주)에 있습니다.
저작권법에 의해 보호를 받는 저작물이므로 무단 복제 및 무단 전재를 금합니다.

지금 하지 않으면 할 수 없는 일이 있습니다.
책으로 펴내고 싶은 아이디어나 원고를 이메일(writer@hanbit.co.kr)로 보내주세요.
한빛라이프는 여러분의 소중한 경험과 지식을 기다리고 있습니다.

이기적이라 살아남았습니다

◆ 얍삽한데 귀엽고 치열한데 슬픈 66종의 생물 도감 ◆

이마이즈미 다다아키 글, 모리마쓰 데루오 그림
김지연 옮김, 이정모 감수

한빛라이프

추천의 글

우리는 생물을 단순하게 생각하곤 해요. 인간의 세계는 음모와 배신으로 가득한 반면, 생물의 세계는 순수하다고 믿거나, 착한 생물과 나쁜 생물이 완전히 다르다고 여기지요. 하지만 이는 우리의 편견일 뿐, 실제 생물의 세계는 인간 세계 못지않게 치열해요. 또한 선과 악을 구분하기 어려울 만큼 대부분 이기적으로 행동하지요.

그러나 생물의 이기적인 행동을 손가락질해서는 안 돼요. 그건 생물의 자연스러운 본능이거든요. 생물이 자신을 보호하고 종족을 유지하기 위해 다른 생물처럼 위장하거나 잔꾀를 부리는 일은 정말 흔하답니다. 생물들은 서로의 행동을 얍삽하거나 치사하다고 생각하지 않아요. 험난한 생태계에서 살아남기 위한 수많은 행동 가운에 하나일 뿐이니까요.

이 책 『이기적이라 살아남았습니다』는 포유류부터 바이러스에 이르기까지 다양한 생물의 이기적인 모습을 쏙쏙 골라 소개해요. 그런데 생물의 이기적인 모습이 우리와 무슨 상관이 있냐고요? 모든 생물은 치사할 정도로 이기적이지만, 그 이기심이 조화를 이루어 우리가 함께 어우러져 사는 자연 세계를 구성하는 거예요.

사랑은 상대를 이해하는 것에서 출발한다고 해요. 이 책은 우리가 미처 몰랐던 생물의 이기적인 모습을 이해하고 생물을 진심으로 사랑하게 만드는 책이에요. 심지어 바이러스조차 귀엽고 사랑스럽게 느껴지지요. 이 책을 통해 여러분이 생물뿐 아니라 가족과 친구들도 넓은 마음으로 이해하고 사랑할 수 있기를 희망합니다.

— **이정모** 국립과천과학관장 —

시작하며

  이 책은 생물의 이기적인 습성과 생태를 소개하고 있어요. 사람의 관점에서는 도저히 이해할 수 없는 장면이 가득해서 아마 입이 떡 벌어지기도 할 거예요.

  그렇다고 생물의 이러한 행동 양식을 무조건 나쁘게 몰아붙여서는 안 돼요. 생물은 기본적으로 다른 생물을 잡아먹고, 이용하고, 공격하지 않으면 살아남을 수 없거든요. 그래서 본능적으로 이기적일 수밖에 없답니다. 생각해 보면 사람도 마찬가지예요. 옛날에는 말을 부려 무거운 짐을 나르고 전쟁터에도 나갔어요. 우리는 지금도 여전히 엄청난 수의 소, 돼지, 닭을 잡아먹어요. 우리 피를 빨아 먹는다는 이유만으로 아무렇지 않게 모기를 죽이기도 하고요.

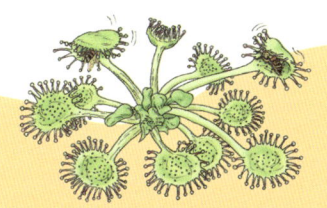

　이 세상의 모든 생물은 다 이기적이에요. 하지만 사람의 관점에서 봤을 때 그런 것이지, 생물들이 일부러 약삭빠르고 교활하게 구는 건 아니에요. 그들은 최선을 다해 주어진 삶을 살아가고 있답니다. 예를 들어 어떤 사마귀는 자기 몸을 예쁜 꽃처럼 만들 줄 알아요. 그렇게 가만히 기다리면 진짜 꽃인 줄 알고 다가온 벌을 손쉽게 잡아먹을 수 있지요. 꽃으로 둔갑한 사마귀는 정말 교활한 걸까요? 아니면 꽃을 똑같이 흉내 낼 수 있는 놀라운 능력을 지닌 걸까요? 둘 다 맞아요.

　우리는 이 책에서 생물의 '이기적이고 교활한' 면과 '영리하고 놀라운' 면 두 가지를 함께 살펴볼 거예요. 이 세상의 모든 생물은 험난한 생태계에서 살아남기 위해 영리한 기술과 무기를 저마다 하나씩 가지고 있답니다. 자, 이제 놀라운 생물의 세계를 만나 보아요!

차례

추천의 글 ··· 004

시작하며 ··· 006

일러두기 ··· 014

끝마치며 ··· 172

찾아보기 ··· 174

1장 포유류

사자 눈에 거슬리는 암컷의 새끼를 괴롭히는 폭군 ················ 018

리카온 이 구역의 굴은 우리가 접수한다! ·························· 020

표범 기껏 잡은 먹이를 어이없이 뺏기는 덤벙이 ················· 022

코요테 죽은 동물의 고기까지 먹는 식탐 많은 초원의 청소부 ······ 024

미어캣 겁먹은 동료를 두고 잽싸게 도망치는 밉상 ··············· 026

호랑이 하늘을 나는 까마귀 때문에 사냥감을 놓치는 숲의 제왕 ··· 028

오랑우탄 도구와 친구의 도움으로 우리를 탈출한 재주꾼 ········ 030

불곰 먹다 버린 먹이도 내주지 않는 욕심쟁이 ···················· 032

기린과 얼룩말 친한 사이는 아니지만 도망칠 때는 단짝 ········ 034

물개 약한 우두머리는 내쫓는 그들이 사는 냉혹한 세상 …… 036

별코두더지 잘생긴 얼굴보다는 뛰어난 사냥 실력이 더 중요해! …… 038

돌고래 귀를 기울이는 걸까? 주변을 엿듣는 걸까? 도청의 명수 …… 040

판다 귀여운 무늬 아래 감춰진 무서운 경고 …… 042

조릴라 고약한 액체 방귀를 내뿜는 아프리카의 방귀 대장 …… 044

너구리 죽은 척 연기가 아니라 진짜로 기절하는 겁쟁이 …… 046

칼럼 대초원의 생존 법칙
삶과 죽음의 갈림길에서는 의리보다 생존이 우선이다 …… 048

2장 조류

푸른등무희새 다른 수컷을 들러리로 세워 암컷의 마음을 얻다! …… 052

큰까마귀 늑대가 사냥한 먹이를 뻔뻔하게 가로채는 무법자 …… 054

흰꼬리수리 두루미의 먹이를 빼앗는 얌체 사냥꾼 …… 056

검독수리 살아남기 위해 동생도 죽이는 매정한 새 …… 058

타조 키운 정보다 강한 힘에 끌리는 야속한 생존 본능 …… 060

도둑갈매기 바다 위를 누비는 비겁한 도둑 …… 062

참새 무서운 참매 둥지 밑에 둥지를 트는 똑똑이 ················ 064

베짜는새 수컷은 둥지 건축가, 암컷은 현장 감독 ················ 066

나무발바리 모두를 깜빡 속이는 변장의 달인 ················ 068

솔개 나를 도둑으로 만든 건 다름 아닌 사람이에요! ················ 070

제비갈매기 암컷의 마음을 얻기 위해 물고기를 선물하는 사랑꾼 ········ 072

갈색얼가니새 누구에게 배우는지보다 제대로 배우는 게 중요해! ······ 074

검은눈썹앨버트로스 범고래가 흘린 먹이는 모두 우리 차지! ········ 076

호사도요 육아는 암컷만 하라는 법이 있나요? ················ 078

> **칼럼** 속 좁은 자식 사랑
> 내 새끼는 애지중지 남의 새끼는 문전박대
> 괭이갈매기의 얌체 육아법 ················ 080

3장 바다 생물과 파충류

뱀눈검정해삼 물속에서 유유히 걷는다! ················ 084

백상아리 모든 감각을 총동원하는 진심 어린 사냥의 기술 ········ 086

불산호 접근 금지! 살짝 닿기만 해도 아파요! ················ 088

노랑씬벵이 가짜 미끼로 먹이를 잡는 노련한 낚시꾼 ················ 090

큰입멍게 입을 쩍 벌리고 먹이를 노리는 바다의 파리지옥 ·············· 092
자주복 난 원래 '독한' 물고기가 아니에요! ·············· 094
파란갯민숭달팽이 해파리의 맹독으로 자신을 지키는 킬러 ·············· 096
필로소마 은혜를 원수로 갚는 배신자 ·············· 098
파자마 카디널 피시 자식 사랑이 유별난 멋쟁이 열대어 ·············· 100
가는손부채게 말미잘 글러브로 펀치를 날리는 권투 선수 ·············· 102
코모도왕도마뱀 덩치만 큰 겁쟁이 ·············· 104
촉수뱀 귀신같은 사냥 실력과 악마를 닮은 얼굴 ·············· 106

칼럼 강자의 내 몸 관리법
강한 생물일수록 상처를 두려워한다 ·············· 108

4장 곤충

산개미거미 개미로 완벽하게 변신! ·············· 112
자폭개미 자기 몸을 터뜨려 적을 물리치는 희생정신 ·············· 114
무당벌레 화려한 무늬에 담긴 무서운 경고 ·············· 116
깨다시하늘소 본능에 충실한 위장 전문가 ·············· 118

011

나비잠자리 이렇게까지 해서 알을 낳아야 할까? ······ 120

말총벌 자기 자식을 낳기 위해 남의 자식을 죽이는 저승사자 ······ 122

육니청벌 굴러온 돌이 박힌 돌을 빼낸다! ······ 124

검정알벌 살기 위해 필요한 건 덩치가 아니라 뻔뻔함이야! ······ 126

톱니뿔매미 톱니를 휘두르며 싸우는 허풍쟁이 ······ 128

민꽃게거미 내가 바로 우리 동네 숨바꼭질 대장 ······ 130

난초사마귀 꽃으로 완벽하게 위장하는 위장술의 달인 ······ 132

호랑나비 애벌레 자유롭게 몸 색깔을 바꾸는 변신의 귀재 ······ 134

흰개미 여왕개미의 페로몬이 계급을 만든다! ······ 136

칼럼 보호색의 진실
바꾸는 게 아니라 저절로 바뀌는 것이다 ······ 138

5장 벌레잡이 식물

쥐방울덩굴 나는 파리를 먹지 않아요! ······ 142

파리지옥 파리채보다 강력한 파리의 천적 ······ 144

끈끈이주걱 달콤한 향기로 유혹하는 무서운 암살자 ······ 146

벌레잡이통풀 쥐도 잡아먹는 식물계의 대식가 ·················· 148

벌레잡이말 조개처럼 입을 여닫는 날렵한 사냥꾼 ············· 150

칼럼 은밀하고 위대한 번식 계획
다양한 곳으로 종족을 퍼뜨리는 똑똑한 도토리 ············· 152

6장 바이러스

바이러스 마법처럼 살아 움직이는 무서운 침입자 ·············· 156

에볼라 바이러스
동물과는 함께 살지만 사람은 무참히 공격한다! ············· 158

신종 코로나 바이러스
무증상 감염자를 만드는 교활한 바이러스 ················ 160

인플루엔자 바이러스 끊임없이 모습을 바꾸는 변신의 달인 ······ 162

미미 바이러스 바이러스계의 거인 ························ 164

노로 바이러스 조개류에 숨어 호시탐탐 기회를 노린다! ·········· 166

칼럼 바이러스의 두 얼굴
인간을 죽이기도 하고 살리기도 하는 바이러스 ············· 168

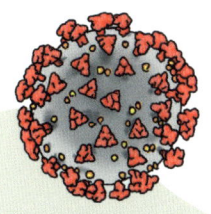

013

일러두기
공생, 기생, 의태

말미잘은 커다란 물고기에게 쫓기는 흰동가리를 촉수 속에 재빨리 숨겨 주고, 흰동가리는 말미잘을 잡아먹으려고 달려드는 물고기를 쫓아 줍니다. 말미잘과 흰동가리처럼 서로 이익을 주고받는 관계를 '상리 공생'이라고 해요.

'편리 공생'은 한쪽은 이롭지만 다른 한쪽은 이롭지도 해롭지도 않은 관계를 말해요. 예를 들어 빨판상어는 몸집이 큰 상어한테 찰싹 달라붙어서 편하게 이동해요. 심지어 상어가 먹다 흘린 먹이까지 야금야금 받아먹지요. 하지만 상어는 빨판상어에게서 아무것도 얻지 못한답니다.

'기생'은 한쪽은 이익을 얻는 반면, 다른 한쪽은 손해를 보는 관계예요. 대표적인 예가 바이러스와 사람이지요. 바이러스가 사람 몸속에 들어가 자식

무당벌레에 기생하는 벌의 유충

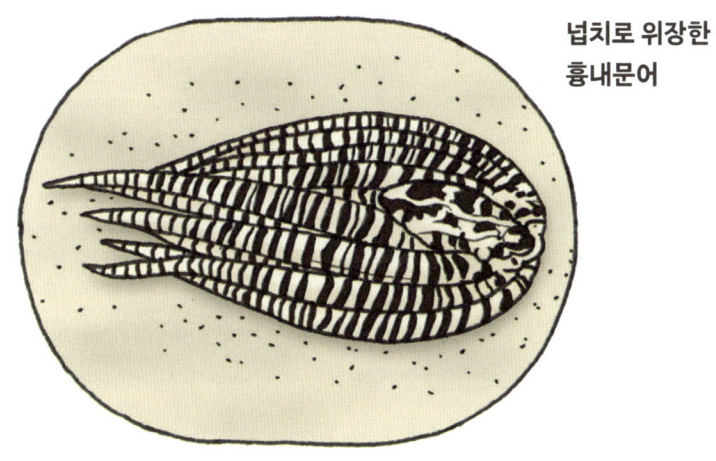

넙치로 위장한 흉내문어

을 줄줄이 낳으며 번식하는 동안 사람은 병에 걸려요. 바로 바이러스의 증식 작용이 세포를 파괴하기 때문이랍니다. 우리는 이렇게 기생하는 생물을 보며 이기적이고 약삭빠르다며 손가락질해요. 하지만 이는 순전히 사람이 정한 기준일 뿐, 정작 생물들은 서로의 행동을 이기적이라고 생각하지 않는답니다.

　우리가 놀랍게 여기는 동물의 행동 중에는 '의태'도 있어요. 천적으로부터 자신을 보호하거나 먹잇감을 사냥하기 위해 자기 몸을 다른 무언가와 비슷하게 만드는 행동이지요. 예를 들면 개미거미는 개미로 위장하고, 민꽃게거미는 꽃으로 변신해요. 해조인 척 눈속임하는 노란씬벵이, 이름에 걸맞게 다양한 바다 생물을 흉내 내는 흉내문어도 있고요. 모두 변신의 귀재들이랍니다.

　하지만 이 생물들이 의도적으로 위장하는 건 아니에요. 우연히 그런 행동을 했는데 먹고 먹히는 생태계에서 끈질기게 살아남을 수 있었고, 자신의 유전자를 후대에 남긴 것이에요. 그 결과 생김새가 생존에 유리한 잎사귀처럼 진화한 생물도 나타났답니다.

생태계는 이처럼 어지러울 만큼 복잡하게 얽혀 있어요. 서로 도우면서 행복하게 사는 관계가 있는가 하면, 상대방에게 해를 끼치면서 살아가는 관계도 있지요. 사실 사람의 피를 빨아 먹고 병균을 옮기는 모기가 해롭기만 한 존재는 아니에요. 모기의 애벌레인 장구벌레는 물속에 살면서 물을 깨끗하게 만들어요. 사람이 만지면 몸을 동그랗게 말고 죽은 시늉을 하는 공벌레를 요즘은 콘크리트를 갉아 먹는 해충으로 취급하지만, 한때는 흙을 깨끗하게 만드는 고마운 익충으로 여겼답니다. 이렇게 조금만 시야를 달리하면, 상관없어 보이는 생물들이 사실은 매우 긴밀하게 관계를 맺고 있으며 각자 중요한 역할을 담당하고 있다는 사실을 알 수 있어요.

다시 한번 말하지만 모든 생물은 이기적이에요. 으레 다른 생물을 이용하고 자기의 이익을 챙기면서 살아가지요. 하지만 이건 성격이 못된 것이 아니라 위험천만한 생태계에서 살아남기 위한 어쩔 수 없는 선택이랍니다. 조금은 얄밉고 못마땅하더라도 나름 열심히 살아가고 있는 것이니 너그럽게 지켜봐 주세요.

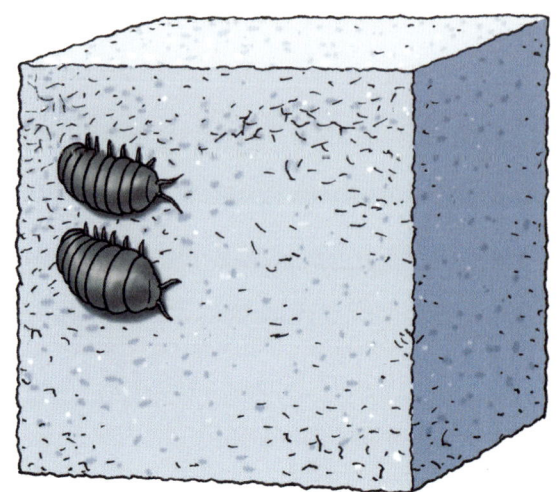

콘크리트를 갉아 먹는 공벌레

영리한 꾀쟁이
포유류

1장

포유류는 얄미울 정도로 잔꾀를 잘 부리지만,
다른 생물을 위험에 빠뜨릴 만큼 교활하지는 않아요.
미처 알지 못했던 포유류의 꾀쟁이스러운 모습을 만나 보아요.

눈에 거슬리는 암컷의 새끼를 괴롭히는 폭군
사자

기본 정보

- 📢 **이름**: 사자
- 🔍 **분류**: 포유류 고양잇과
- 🏠 **서식지**: 아프리카와 인도의 초원
- 📏 **크기**: 몸길이 1.4~2.5m

새끼 사자들의 어미

고양잇과 동물은 보통 단독 생활을 해요. 하지만 백수의 왕으로 불리는 사자는 독특하게 10~20마리가 무리를 지어 살지요. 특히 사냥과 양육은 여러 암컷들이 함께 담당해요.

암컷 사자들은 새끼만 두고 사냥을 가면 새끼들이 위험하기 때문에 암컷 한 마리를 남겨 새끼들을 돌봐요. ==그런데 어떤 암컷은 이 틈을 타 평소 눈엣가시 같은 암컷의 새끼들을 못 살게 군대요.== 몰래 연약한 새끼를 괴롭히다니, 백수의 왕으로서 체면이 서질 않네요.

이 구역의 굴은 우리가 접수한다!
리카온

기본 정보

📢	이름	리카온(아프리카들개)
🔍	분류	포유류 갯과
🏠	서식지	남아프리카의 사바나
📏	크기	몸길이 75~110cm

리카온은 동료들과 함께 사냥을 해요. 보통 10~15마리로 무리를 이루어 누, 얼룩말 같은 먹잇감을 사냥해 잡아먹지요. 무리가 사냥하는 동안 새끼들을 돌보는 리카온은 강기슭에서 새끼들과 함께 조용히 기다려요. 이때 ==새끼들을 안전하게 보호하기 위해 굴 파기의 명수인 땅돼지나 멧돼지가 파 놓은 깊은 굴을 멋대로 사용한대요.== 참 뻔뻔하죠?

한편 리카온은 무척 잔인한 사냥꾼이에요. 끈질기게 뒤쫓던 먹잇감이 지쳐서 멈추는 순간, 한꺼번에 달려들어 콧등과 뒷다리, 옆구리를 집중 공격하지요. 아직 숨을 쉬고 있어도 개의치 않고 비타민이 풍부한 내장부터 먹어 치운 뒤, 부드러운 고기는 잘게 씹어서 새끼들에게 먹여요.

기껏 잡은 먹이를
어이없이 뺏기는 덤벙이

표범은 독특한 얼룩무늬 덕분에 나무나 수풀 사이에 몸을 숨기면 눈에 잘 띄지 않아요. 이렇게 숨죽인 채 기다리다가 먹잇감이 가까워지면 잽싸게 덮쳐 쓰러뜨리지요. 비겁하게 보일지 몰라도 이게 바로 표범의 사냥 방식이랍니다.

표범은 대형 고양잇과 동물 중에서 유난히 나무를 잘 타요. 사냥한 먹이를 나무 위에 올려 두기도 하지요. 그러면 다른 동물들에게 먹이를 빼앗기지 않고 며칠 동안 두고두고 먹을 수 있거든요. 그런데 나무 위로 어렵게 가져간 먹이를 허무하게 떨어뜨릴 때가 있어요. 그 순간 다른 동물들이 먹이를 홱 낚아채 가면 그간의 노력이 물거품이 되고 말지요. 다재다능한 표범에게도 이런 어설픈 모습이 있군요.

기본정보

이름		표범
분류		포유류 고양잇과
서식지		아시아와 아프리카 등의 사바나, 삼림, 암지
크기		몸길이 1~1.8m

죽은 동물의 고기까지 먹는
식탐 많은 초원의 청소부
코요테

북아메리카에서 중앙아메리카까지의 초원에 사는 코요테는 언뜻 보면 늑대와 아주 비슷하게 생겼어요. 실제로 멸종 위기에 놓인 붉은늑대는 회색늑대와 코요테의 짝짓기로 탄생한 종이랍니다.

코요테는 가리지 않고 아무거나 다 먹는 잡식성이에요. 쥐나 토끼 같은 소형 동물은 물론, 늑대가 먹고 남긴 찌꺼기까지 싹 다 먹어 치워요. ==죽은 동물의 고기를 찾아 헤매는 습성이 있어 '초원의 청소부'라고도 불리지요.== 그런데 늑대의 먹이를 제 것처럼 당당하게 먹다가 늑대에게 발각되어 내쫓기기도 해요. 괜한 잔꾀를 부리다 늑대에게 혼꾸멍나다니 정말 딱하네요.

기본 정보

이름	코요테
분류	포유류 갯과
서식지	북아메리카~중앙아메리카의 삼림, 초원
크기	몸길이 70~100cm

겁먹은 동료를 두고
잽싸게 도망치는 밉상
미어캣

기본정보

📢	이름	미어캣
🔍	분류	포유류 몽구스과
🏠	서식지	남아메리카의 사바나, 사막
📏	크기	몸길이 25~35cm

미어캣은 툭하면 앞발을 들고 뒷발로만 서서 주변을 살펴요. 이 귀엽고 앙증맞은 자세는 무서운 천적을 경계하고 감시하기 위해 보초를 서는 행동으로 알려져 있지요. 그러다 적이 나타나면 문지기 역할을 맡은 미어캣이 소리를 내어 무리에게 위험 신호를 보낸다고 여겼고요.

하지만 이는 사실이 아니에요. ==적을 발견한 미어캣은 그저 깜짝 놀라서 소리를 지르는 것일 뿐이에요. 다른 미어캣들은 그 소리를 통해 위험을 눈치채고 약삭빠르게 굴속으로 숨는 거랍니다.== 이제 보니 미어캣은 겁에 질린 동료를 나 몰라라 한 채 내빼는 얄미운 동물이었네요.

하늘을 나는 까마귀 때문에 사냥감을 놓치는 숲의 제왕
호랑이

기본 정보

📢	이름	호랑이
🔍	분류	포유류 고양잇과
🏠	서식지	시베리아, 동남아시아, 인도 등의 삼림과 습지
📏	크기	몸길이 1.5~2.8m

파닥파닥

호랑이는 고양잇과 동물 가운데 몸집이 가장 커요. 그럼에도 몸에 난 검은 줄무늬가 마치 풀이나 나무 그림자처럼 보여서 풀숲에 숨으면 눈에 잘 띄지 않지요. 호랑이는 몸을 잔뜩 웅크리고 있다가 먹잇감이 가까워지면 순식간에 덮쳐 한 방에 쓰러뜨려요. 몸집도 크고 힘도 센데 보호색까지 있다니 너무 불공평하다고요?

사실 모든 능력을 다 가진 것 같은 호랑이지만 까마귀한테는 못 당해요. 까마귀는 호랑이가 사냥을 시작하면 그 위에서 빙빙 날며 호랑이가 먹고 남은 고기를 차지하려고 호시탐탐 기회를 노린답니다. 까마귀의 행동은 '호랑이가 여기 숨어 있어!'라고 다른 동물들에게 말하는 것이나 다름없지요. 까마귀를 발견한 다른 동물들이 호랑이가 가까이 있는 것을 눈치채고 재빨리 도망쳐요. 호랑이는 사냥을 방해하는 까마귀를 멀리 쫓고 싶은 마음이 굴뚝같겠지만, 하늘에 있는 까마귀를 잡기는 어려울 것 같네요.

도구와 친구의 도움으로
우리를 탈출한 재주꾼
오랑우탄

오랑우탄은 지능이 꽤 높아요. 오랑우탄이 얼마나 똑똑한지 알 수 있는 놀라운 이야기를 들려줄게요. 예전에 일본 도쿄에 있는 우에노 동물원에 '집시'와 '호세'라는 이름의 오랑우탄이 살고 있었어요. 그런데 집시가 여덟 살, 호세가 다섯 살이었을 무렵, 호세가 우리에서 탈출해 모두를 깜짝 놀라게 했지요. 호세는 높은 담으로 둘러싸인 우리를 어떻게 빠져나간 걸까요?

바로 우리 안에 있던 널빤지 두 장을 세로로 길게 연결해 담에 걸친 뒤 널빤지를 타고 올라가 훌쩍 뛰어넘은 거였어요! 탈출은 호세 혼자서 해낸 게 아니라, 무엇보다 집시의 도움이 컸지요. ==널빤지 두 장을 세로로 잇댄 채 균형을 잡는 게 무척 어려웠을 텐데 집시가 멋지게 성공한 거예요.== 그러니까 호세는 집시 덕분에 우리를 탈출할 수 있었답니다. 정말 놀라울 정도로 똑똑한 친구들이에요.

기본 정보

이름	오랑우탄
분류	포유류 사람과
서식지	수마트라섬, 보르네오섬
크기	몸길이 80~100cm

먹다 버린 먹이도
내주지 않는 욕심쟁이
불곰

연어는 강에서 태어나 바다로 나가 살다가 알을 낳는 산란기가 되면 고향인 강으로 돌아와요. 불곰은 이때를 놓치지 않고 강에서 입을 쩍 벌린 채 연어가 물 위로 뛰어오르기를 기다린답니다. 이 시기에는 강으로 올라오는 연어가 사방에 넘치기 때문에 불곰은 연어를 통째로 다 먹지 않아요. 연어를 잡는 족족 가장 좋아하는 알만 쏙 빼 먹은 뒤 버린답니다.

그런데 자기가 버린 연어를 다른 불곰이 집으면 몹시 으르렁대며 화를 내요. 더 이상 먹지 않더라도 자기가 입을 댄 연어는 전부 제 것이라고 생각하는 모양이에요. 불곰은 곰 중에서도 성격이 거칠고 불같이 화를 잘 내니, 불곰이 버린 물건은 절대 함부로 줍지 말아요!

친한 사이는 아니지만
도망칠 때는 단짝
기린과 얼룩말

기린과 얼룩말은 아프리카 사바나에 살아요. 둘 다 초식 동물이지만, 먹이를 두고 서로 다툴 일은 없어요. 목이 긴 기린은 주로 높은 나뭇가지에 달린 나뭇잎을 먹고, 얼룩말은 땅에 난 풀을 먹거든요.

　두 동물은 각각 몸에 갈색 얼룩점과 검은색 줄무늬가 있어 숲이나 나무 주변에 있으면 맹수의 눈에 잘 띄지 않는답니다. 게다가 키가 큰 기린은 저 멀리 맹수가 나타나면 금방 알아채고 도망칠 수 있고, 얼룩말도 풀숲에 숨은 적을 금방 눈치채고 도망칠 수 있지요. ==이렇게 한쪽이 달아나기 시작하면, 다른 한쪽도 위험을 감지하고 재빨리 달아나요. 서로에게 위험 신호를 보내는 셈이지요.==

동물의 세계에는 기린과 얼룩말처럼 힘을 합해 서로 돕는 똑똑한 동물이 꽤 많답니다.

기본 정보

- **이름**: 기린 / 얼룩말
- **분류**: 포유류 기린과 / 포유류 말과
- **서식지**: 아프리카의 사바나
- **크기**: 몸길이 기린 3.8~4.7m, 얼룩말 2.1~2.5m

약한 우두머리는 내쫓는
그들이 사는 냉혹한 세상
물개

기본 정보

- **이름**: 물개
- **분류**: 포유류 물갯과
- **서식지**: 북태평양, 베링해, 오호츠크해
- **크기**: 몸길이 1.4~2.1m

물개는 땅에서는 짧은 앞다리로 윗몸을 세워 뒤뚱뒤뚱 걷지만, 물속에서는 네 다리로 헤엄치며 여러 가지 재주를 부려요. 귀여운 외모에 머리도 영리해서 사람들의 사랑을 듬뿍 받지만, 사실 물개에게는 매정한 면이 있답니다.

물개는 보통 수컷 한 마리와 수많은 암컷으로 구성된 집단인 '하렘'을 이루고 살아요. 힘센 수컷은 100마리가 넘는 암컷을 거느리기도 하지요. 번식기 철이 되면 수컷은 여러 암컷과 짝짓기를 하면서 다른 수컷과는 힘을 겨루어 자기 영역을 지켜요. 게다가 수컷은 번식기 중에 먹이를 먹지 않아서 몸무게가 3분의 1까지 줄어들기도 한답니다.

==이렇게 치열하게 살아도 다른 수컷에게 패하는 순간, 하렘에서 쫓겨나 버림받는 신세가 돼요.== 물개 세계에서는 그만큼 힘이 중요하거든요. 우두머리인 수컷이 강력해야 나머지 무리들이 안전하게 지낼 수 있기 때문이에요.

여보….

싸움에 진 수컷

잘생긴 얼굴보다는 뛰어난 사냥 실력이 더 중요해!
별코두더지

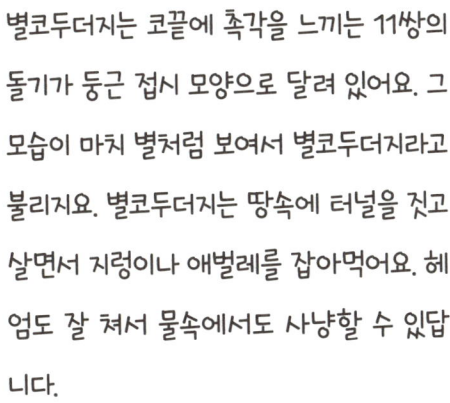

별코두더지는 코끝에 촉각을 느끼는 11쌍의 돌기가 둥근 접시 모양으로 달려 있어요. 그 모습이 마치 별처럼 보여서 별코두더지라고 불리지요. 별코두더지는 땅속에 터널을 짓고 살면서 지렁이나 애벌레를 잡아먹어요. 헤엄도 잘 쳐서 물속에서도 사냥할 수 있답니다.

사실 별코두더지는 눈이 나빠 앞이 잘 보이지 않아요. 대신 코끝에 달린 돌기가 눈을 대신해 먹잇감을 찾아내지요. ==1초에 무려 열두 번이나 움직이는 돌기로 주변의 땅을 두드려 지렁이를 찾아내는 순간, 0.25초만에 낚아채 먹어 치운답니다.== 별코두더지는 코끝의 돌기 때문에 괴상해 보이긴 하지만, 또 그 덕분에 매우 뛰어난 사냥 실력을 갖게 되었네요.

기본 정보

📢	이름	별코두더지
🔍	분류	포유류 두더짓과
🏠	서식지	캐나다 남동부와 미국 동부의 습지
📏	크기	몸길이 9~13cm

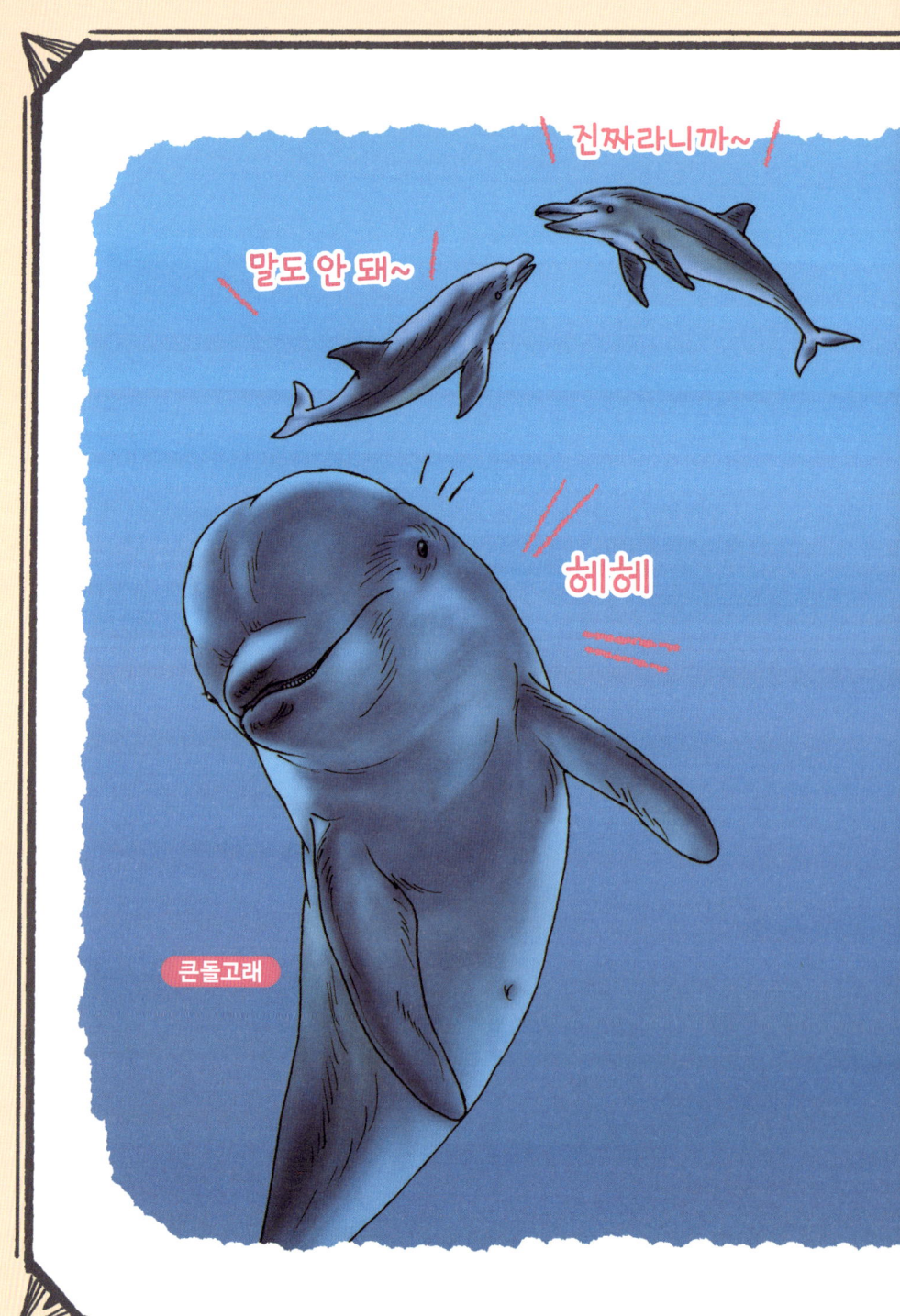

귀를 기울이는 걸까?
주변을 엿듣는 걸까?
도청의 명수

돌고래

돌고래는 먹이나 동료를 찾고 싶을 때 초음파를 발사해요. 초음파는 물체에 부딪쳤다가 다시 반사되는데, 이렇게 되돌아오는 초음파를 통해 물체의 위치와 크기, 움직임을 알 수 있지요. 이를 '반향 정위(에콜로케이션)'라고 해요. 돌고래뿐만 아니라 박쥐도 이 능력을 가지고 있답니다.

   돌고래는 자신의 초음파는 물론 다른 돌고래가 보내는 초음파에도 귀를 기울여요. 그러니까 ==게으름을 피우며 빈둥거려도 다른 돌고래의 초음파만 잘 엿들으면 먹이에 대한 정보를 손쉽게 얻을 수 있겠지요.== 아니면 무리의 우두머리가 하는 말을 열심히 듣는 것일 수도 있어요. 어느 쪽이 됐든 돌고래는 소리로 의사소통을 할 수 있는 똑똑한 동물이랍니다.

기본 정보

📢	이름	돌고래
🔍	분류	포유류 참돌고랫과, 강돌고랫과, 쇠돌고랫과
🏠	서식지	전 세계의 온대와 열대 바다
📏	크기	몸길이 4.5m 이하

귀여운 무늬 아래
감춰진 무서운 경고
판다

판다는 중국을 대표하는 동물이에요. 포동포동한 체형에 둥글넓적한 얼굴, 뒤뚱뒤뚱 걷는 모습이 무척 사랑스럽지요. 이처럼 판다는 많은 사람들이 귀엽게 여기지만, 다른 동물들은 판다만 보면 벌벌 떨며 두려워해요. ==귀여운 흑백 무늬가 사실은 '살고 싶으면 가까이 오지 마!'라는 경고이기 때문이에요. 자신은 위험한 존재이니 조심하라고 미리 알려 주는 거지요.== 실제로 판다는 누구든 자기 영역에 들어오면 날카로운 발톱과 어금니로 인정사정없이 공격한답니다.

덩치에 비해 지나치게 작은 두 눈도 예사롭지 않아요. 눈 주위가 마치 다크서클처럼 검은색 털로 덮여 있어서 알아차리기 힘들지만, 귀여운 생김새와 달리 눈빛은 굉장히 강렬하지요. 날카로운 눈빛을 숨기는 동시에 귀엽게 보이려고 일부러 눈두덩을 검게 칠한 건지도 모르겠네요.

고약한 액체 방귀를 내뿜는 아프리카의 방귀 대장
조릴라

같은 족제빗과 동물인 스컹크와 비슷하게 생긴 조릴라는 아프리카에 살아서 '아프리카 스컹크'라고도 해요. 조릴라도 판다처럼 귀여운 외모와 달리 성격은 무척 사나워요. ==적이 나타나면 냄새가 지독한 액체를 내뿜고 죽은 척을 하지요. 냄새가 어찌나 고약한지 적들이 감히 다가오지 못할 정도랍니다.==

조릴라는 주로 밤에 활동하면서 작은 파충류나 곤충을 잡아먹어요. 온몸이 검은색 털로 덮여 있고 등에 흰 줄무늬 네 개가 선명하게 나 있는데, 이 줄무늬를 이용해 적에게 겁을 주고 위협한답니다. 그래서 덩치가 큰 동물들도 조릴라의 줄무늬를 보면 고개를 절레절레 흔들며 꽁무니를 뺀다고 하네요.

기본 정보

📢	이름	조릴라
🔍	분류	포유류 족제빗과
🏠	서식지	남아프리카의 사바나와 사막
📏	크기	몸길이 27~35cm

죽은 척 연기가 아니라
진짜로 기절하는 겁쟁이
너구리

사냥꾼이 사냥감을 발견하고는 총을 쐈는데 갑자기 바로 근처에 있던 너구리가 픽 쓰러졌어요. 이상하게 여긴 사냥꾼은 가까이 다가가 살펴보았는데, 너구리가 정말 죽은 듯이 꼼짝도 하지 않았지요. 그런데 조금 뒤 너구리가 슬그머니 일어나더니 잽싸게 도망치지 뭐예요?

아마 여러분은 '죽은 척해서 위기를 넘기다니 진짜 똑똑해!'라고 생각할 거예요. 하지만 ==너구리는 죽은 척 연기한 게 아니라 총소리에 놀라서 진짜로 기절한 것이랍니다.== 사람들이 너구리의 행동을 멋대로 오해하고 단정한 거지요.

동물학자들은 놀라거나 위험에 처하면 죽은 척하는 주머니쥐의 두뇌 활동을 검사해 보았어요. 그 결과 주머니쥐는 겉으로만 죽은 체할 뿐, 실제로는 온전히 깨어 있는 상태로 주변을 경계한다는 것을 알아냈어요. 너구리는 진짜 기절하는 반면 주머니쥐는 죽은 척 위장을 하는 건데요, 이렇게 같은 행동을 하더라도 동물에 따라 이유는 전혀 다를 수 있답니다.

기본 정보

📢	이름	너구리
🔍	분류	포유류 갯과
🏠	서식지	동아시아, 유럽
📏	크기	몸길이 50~60cm

어떻게 된 거지?

기절한 너구리

047

칼럼 대초원의 생존 법칙

삶과 죽음의 갈림길에서는 의리보다 생존이 우선이다

아프리카의 사바나는 먹고 먹히는 먹이 사슬이 엄격한 약육강식의 세계예요. 백수의 왕 사자는 수풀 속에 몸을 숨긴 채 호시탐탐 얼룩말과 누를 노리지요. 누는 소목 솟과에 속하는 초식 동물로, 뿔이 난 말처럼 생겨서 뿔말이라고도 해요. 누는 수만 마리에서 많게는 수십만 마리가 무리를 이루어 살아간답니다.

100만 마리의 누 떼가 만드는 사바나 최고의 장관

누는 천적으로부터 새끼들을 보호하기 위해 2~3월에 한꺼번에 새끼를 낳아요. 새끼 누가 자라서 몸집이 제법 커지면, 7~10월에 대이동을 하지요. 케냐의 마사이마라 초원에서 탄자니아의 세렝게티 초원까지 무려 800킬로미터가 넘는 기나긴 여정이지만, 비가 내리지 않는 건기가 되면 땅이 바짝 메말라 버리기 때문에 신선한 풀을 찾아 떠날 수밖에 없답니다. 먹이를 구하기 어려운 건기는 야생 동물에게 지옥이나 다름없으니까요.

드디어 마사이마라 초원 곳곳에 흩어져 있던 누 떼가 100만 마리가 넘는 거대한 무리를 이루고 줄지어 달려갑니다. 거친 숨을 몰아쉬고 흙먼지를 일으키면서 초원을 달리는 누 떼를 상상해 보세요. 마치 검은 띠처럼 꼬리에 꼬리를 물고 이어지는 누 떼의 긴 행렬은 그야말로 대장관이랍니다.

누 떼는 쉬지 않고 달려서 탄자니아의 마라강에 도착합니다. 하지만 강 속에는 굶주린 악어가 입을 쩍 벌린 채 누 떼가 들어오기만을 기다리고 있지요. 그래도 누는 뒷걸음치지 않고 용감하게 강으로 뛰어들어요. 이 강을 건너야만 세렝게티 초원에 도착할 수 있으니까요. 물론 이곳에서 악어 밥

**무리에서 뒤처진
새끼 누를 습격하는 사자**

이 되는 누도 있어요. 악어에게 습격당한 누, 거센 물살에 휩쓸려 익사한 누의 사체가 강기슭에 쌓이곤 한답니다.

게다가 누가 대이동을 할 때면 반갑지 않은 사냥꾼이 따라붙어요. 사자, 하이에나, 표범, 치타, 자칼 등 육식 동물들이 주린 배를 채우려고 눈에 불을 켜고 기회를 엿보지요. 특히 힘이 약한 새끼 누와 늙은 누가 집중 공격을 받아요. 하지만 누 무리는 위험에 처한 동료를 돕기는커녕 내팽개치고 도망가기 바빠요. 혼자 힘으로는 살아남기 어려운 약한 누의 희생을 통해 더 많은 누가 살아남는 것이 누 떼에게 이득이니까요.

1만 마리가 희생하면 99만 마리가 살아남는다

그래도 가족은 역시 달라요. 어미 누는 새끼가 공격을 받으면 어떻게든 구하려고 필사적으로 맞서지요. 바로 자기의 유전자를 후대에 남기려는 본능 때문이에요. 하지만 누 떼 입장에서는 소수의 희생으로 다수의 목숨을 살리는 편이 훨씬 유리하답니다. 1만 마리의 누가 악어와 사자에게 잡아먹히더라도 99만 마리가 무사히 살아남는다면, 누는 멸종하지 않을 테니까요. 매정하고 의리 없어 보이지만 이것이 바로 아프리카 대초원의 생존 법칙입니다.

마침내 99만 마리의 누 떼가 세렝게티 초원에 도착했어요. 이곳에서 지내다가 우기가 끝나면 다시 신선한 풀을 찾아 북쪽 마사이마라 초원으로 이동하겠지요. 이제는 왠지 매번 목숨을 걸고 이동하는 누 떼의 여행을 응원하게 될 것 같아요.

똑소리 나는 조류

우리는 보통 새의 지능이 낮다고 여겨요.
하지만 새는 굉장히 똑똑하고 생존력도 무척 뛰어나답니다.
여전히 베일에 가려 있는 새들의 숨겨진 모습을 만나 보아요.

다른 수컷을 들러리로 세워 암컷의 마음을 얻다!
푸른등무희새

기본 정보

- 이름: 푸른등무희새
- 분류: 조류 무희샛과
- 서식지: 중남미
- 크기: 전체 길이 약 10cm

==수컷 푸른등무희새는 암컷의 마음을 얻기 위해 다른 수컷을 들러리로 세워 함께 춤을 춰요. 그러면 자기의 춤이 더 돋보이기 때문이에요.== 수컷 두 마리가 암컷 앞에서 구슬땀을 흘리며 다양한 춤을 뽐내는 모습은 마치 한 편의 공연 같답니다.

수컷은 꼬리가 길고 머리에는 빨간색, 등에는 파란색 깃털이 나 있어요. 반면 암컷은 온몸이 초록색이에요. 그런데 종종 구애하는 수컷 옆에서 초록색 푸른등무희새가 함께 춤을 출 때가 있어요. 사실 이 새는 암컷이 아니라 어린 수컷이랍니다. 수컷도 어릴 때는 온몸이 초록색 깃털로 덮여 있거든요. 어린 수컷은 어른 수컷을 따라 열심히 춤을 추지만, 실력이 한참 못 미쳐서 결국 암컷과 짝을 이루지 못해요. 이번에는 들러리로 끝났지만 어린 수컷도 언젠가는 주인공이 되어 무대에 화려하게 서는 날이 올 거예요!

늑대가 사냥한 먹이를
뻔뻔하게 가로채는 무법자
큰까마귀

또 당했다….

큰까마귀는 새 중에서도 매우 똑똑하기로 유명해요. 하늘을 빙빙 날며 땅 위를 살피다가 동물들이 무리를 지어 움직이면 그쪽으로 곧장 날아가요. 동물들이 먹잇감을 잡았을 때 떼 지어 움직인다는 사실을 영리하게도 아는 거예요. 심지어 한창 먹고 있는 늑대 무리를 부리로 쪼아서 쫓아내고는 먹이를 차지하는 경우도 있답니다.

그런데 늑대가 큰까마귀에게 늘 당하는 것이 아니라, 도움도 받는다는 설이 있어요. 보통 큰까마귀가 모여드는 곳은 사냥감이 있을 가능성이 커서 늑대들이 큰까마귀 주위를 맴돌다 사냥에 성공한다는 거예요. 그래서 늑대들이 큰까마귀를 위해 일부러 먹이를 남기는 거라고 주장하는 학자도 있답니다.

기본정보

📢	이름	큰까마귀
🔍	분류	조류 까마귓과
🏠	서식지	한국과 일본 등 아시아, 유럽, 북아메리카
📏	크기	전체 길이 60~63cm

두루미의 먹이를 빼앗는
얌체 사냥꾼
흰꼬리수리

흰꼬리수리와 두루미의
먹이 다툼

일본 홋카이도의 구시로에는 두루미를 보호하고 연구하는 '아칸 국제 두루미 센터'가 있어요. 센터에서는 이곳을 찾아오는 두루미에게 옥수수를 먹이로 주고 있지요. 예전에는 12월부터 이듬해 2월까지 작은 물고기를 주었는데, 그때마다 사나운 흰꼬리수리가 날아와 두루미를 습격하고 물고기를 빼앗는 일이 많았답니다.

==흰꼬리수리는 시력이 무척 좋아서 2킬로미터나 떨어진 먹잇감도 발견해 단숨에 낚아채는 뛰어난 사냥꾼이에요. 두루미 먹이를 가로채는 일 정도는 진짜 식은 죽 먹기죠.== 흰꼬리수리는 센터 앞에 있는 두루미 떼를 발견하고 물고기 냄새를 맡는 순간 잽싸게 날아왔고, 곧이어 두루미와 흰꼬리수리의 치열한 먹이다툼이 벌어지곤 했어요. 다만 지금은 센터에서 두루미에게 물고기를 주지 않아 먹이다툼하는 광경은 더 이상 볼 수 없답니다.

기본정보

- **이름**: 흰꼬리수리
- **분류**: 조류 수릿과
- **서식지**: 한국과 일본 등 아시아, 유럽
- **크기**: 전체 길이 69~95cm

살아남기 위해 동생도 죽이는 매정한 새
검독수리

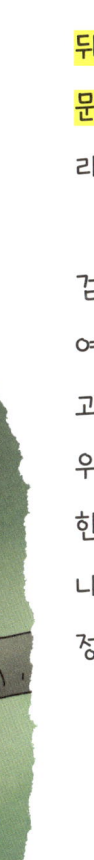

검독수리는 한 번에 두 개의 알을 낳아요. 그런데 한쪽 알에서 첫째가 깨어나는 순간, 나머지 한쪽은 슬픈 운명을 맞이한답니다. ==첫째가 뒤이어 태어난 동생을 부리로 쪼아 죽이기 때문이에요.== 한정된 먹이를 독차지하려는 본능이라고 할 수 있어요.

성질이 사납고 육식을 하는 맹금류 중에는 검독수리처럼 새끼 한 마리만 살아남는 종이 여럿 있어요. 그런데 왜 굳이 알을 두 개 낳냐고요? 그 이유는 먼저 태어난 새끼가 죽을 경우를 대비하는 거라고 해요. 물론 먹이가 풍부한 지역에서는 두 마리 모두 살아남기도 한답니다. 동생의 운명이 먹이의 양에 달려 있다니, 정말 안타깝네요.

기본 정보

이름	검독수리
분류	조류 수릿과
서식지	한국과 일본 등 아시아, 유럽, 북아메리카
크기	전체 길이 75~95cm

키운 정보다 강한 힘에 끌리는 야속한 생존 본능
타조

타조는 보통 수컷 한 마리와 암컷 네댓 마리가 무리를 지어 살아요. 암컷이 알을 낳으면 주로 수컷이 새끼를 돌보지요. 수컷은 다른 수컷을 만나면 종종 맹렬히 싸우는데, ==놀랍게도 패배한 수컷의 새끼들은 승리한 수컷을 따라간답니다!== 힘센 수컷의 보호 아래 안전하게 지내려는 본능 때문이지요.

아프리카에서는 많게는 40마리나 되는 새끼 타조들이 수컷 타조 뒤를 졸졸 따라다니는 광경을 쉽게 볼 수 있어요. 얼핏 다둥이 아빠처럼 보일지 몰라도 그중에는 친자식이 아닌 새끼가 섞여 있을지도 몰라요.

내 새끼들인데….

패배한 수컷

기본 정보

이름	타조
분류	조류 타조과
서식지	중앙아프리카~남아프리카의 사바나와 사막
크기	전체 길이 1.7~2.7m

바다 위를 누비는
비겁한 도둑
도둑갈매기

도둑갈매기는 물고기부터 어린 새나 쥐 같은 작은 동물까지 잡아먹어요. <mark>직접 사냥하는 경우도 있지만 보통은 다른 새들이 물고기를 잡는 순간을 기다렸다가 덮쳐서 빼앗지요. 그러니까 이름처럼 비겁하게 도둑질을 잘한답니다.</mark>

　빼앗는 방법도 정말 야비해요. 자기보다 약한 갈매기, 제비갈매기, 슴새 등을 공격하거나 위협하고요. 공격받은 새들이 깜짝 놀라서 물고 있던 물고기를 떨어뜨리면 그때를 놓치지 않고 떨어지는 물고기를 쏜살같이 낚아채지요. 아무리 배가 고파도 그렇지 다른 새들을 겁주어 먹이를 빼앗다니 정말 너무하네요.

　그런데 도둑갈매기에게 공격받은 새가 물고기를 떨어뜨리는 것은 놀라서가 아니라 몸을 가볍게 해 빨리 도망치기 위해서라는 의견도 있답니다.

기본정보

📢	이름	도둑갈매기
🔍	분류	조류 도둑갈매깃과
🏠	서식지	북극권~남반구 해안
📏	크기	전체 길이 51~56cm

무서운 참매 둥지 밑에
둥지를 트는 똑똑이
참새

참새는 사람들과 가까이 살아서 주변에서 흔히 볼 수 있어요. 작고 귀여운 생김새가 참 앙증맞지요. 참새는 나무 위뿐만 아니라 처마 밑, 건물 틈새, 콘크리트 전봇대 꼭대기에도 둥지를 틀고 살아요.

심지어 참새는 무서운 맹금류인 참매 둥지 밑에도 당당하게 둥지를 틀어요. 어떻게 천적과 이웃이 될 수 있는지 의아하다고요? ==바로 다른 포식자들이 참매가 두려워 감히 다가오지 못하는 점을 역이용한 참새만의 생존 방법이랍니다.== 무엇보다 참매는 참새를 공격하지 않아요. 참새 몸집이 너무 작아서 사냥에 들이는 수고에 비해 얻는 것이 적기 때문이에요.

기본정보

- **이름** 참새
- **분류** 조류 참샛과
- **서식지** 한국, 일본, 동남아시아, 유럽
- **크기** 전체 길이 15cm

수컷은 둥지 건축가, 암컷은 현장 감독
베짜는새

아프리카에 사는 베짜는새의 이름은 풀을 엮어 둥지를 짓는 모습이 마치 베를 짜는 모습 같아 붙여졌어요. 베짜는새는 풀과 나뭇가지를 엮어서 근사한 보금자리를 뚝딱뚝딱 만드는 조류계 최고의 건축가예요. ==보통 수컷이 둥지를 짓는 일꾼이라면, 암컷은 둥지의 상태를 확인하는 감독이에요. 만약 암컷이 퇴짜를 놓으면 수컷은 둥지를 허물고 다시 지어야 하지요.== 반대로 둥지가 마음에 들면, 암컷은 수컷의 구애를 받아들이고 짝짓기를 한답니다. 그러니까 암컷은 둥지 짓는 솜씨로 수컷이 남편의 자격이 있는지 판단하는 것이지요.

베짜는새는 보통 10월부터 둥지를 트는데, 태풍에 애써 만든 보금자리를 날리기도 해요. 물론 암컷에게 여러 번 퇴짜를 맞으면, 태풍이 지나갈 때까지도 둥지를 완성하지 못할 때가 있지요. 태풍에 둥지를 잃는 일은 없을 테니 다행이라고 해야 할까요?

모두를 깜빡 속이는 변장의 달인
나무발바리

나무발바리는 나무줄기에 바짝 붙어 있으면 나무와 구분하기 쉽지 않아요. 잿빛 세로무늬가 새겨진 갈색 등이 나무껍질과 비슷해 보이거든요. 깃털 색이 예쁘지 않다고요? 나무발바리는 자신의 안전을 위해 화려한 옷 대신 수수한 옷을 입은 거예요. 천적의 눈에 띄지 않을수록 생존에 유리하니까요. ==나무발바리는 이렇게 나무줄기로 위장한 채 길고 뾰족한 부리로 나무껍질 속 곤충을 잡아먹어요.== 나무발바리는 우리나라를 지나가는 나그네새로 겨울철에 볼 수 있답니다.

한편 오스트레일리아에도 나무발바리처럼 나무줄기와 비슷한 깃털 색으로 자신을 보호하는 새가 있어요. 바로 크고 넓은 부리를 가진 개구리입쏙독새예요. 개구리입쏙독새는 먹잇감을 사냥할 때면 나뭇가지 위에서 숨을 죽인 채 가만히 기다린답니다.

기본 정보

📢	이름	나무발바리
🔍	분류	조류 나무발바릿과
🏠	서식지	아시아, 유럽
📏	크기	전체 길이 12~14cm

나를 도둑으로 만든 건
다름 아닌 사람이에요!

솔개

옛날 시골에서는 솔개가 마당에서 키우던 닭이나 병아리를 자주 낚아채 갔어요. 그래서 우는 아이에게 '뚝 그치지 않으면 솔개가 데려간다.'고 겁을 주기도 했지요. 일본에는 '솔개에게 유부를 빼앗긴다.'는 속담이 있어요. 소중한 것을 느닷없이 빼앗긴다는 뜻이에요.

아마도 솔개가 먹잇감을 발견하면 땅 위로 날쌔게 내려오는 습성 때문에 생겨난 말들 같아요. 하지만 솔개는 원래 경계심이 많아서 사람 근처에 잘 오지 않아요.

그런데 ==최근 사람에게 다가와 음식을 채 가는 솔개가 많아졌어요. 이는 솔개에게 먹이를 주는 사람들이 많이 생겼기 때문이에요.== 솔개는 영리해서 먹이를 주는 사람과 주지 않는 사람을 구분할 수 있다고 해요. 먹이를 주면 받아먹고, 먹이를 주지 않으면 빼앗아 먹는 것이지요.

기본 정보

📢	이름	솔개
🔍	분류	조류 수릿과
🏠	서식지	아시아, 유럽, 오스트레일리아 등지의 산지, 농경지, 해안
📏	크기	전체 길이 55~69cm

암컷의 마음을 얻기 위해 물고기를 선물하는 사랑꾼
제비갈매기

수컷

기본 정보

📢	이름	제비갈매기
🔍	분류	조류 갈매깃과
🏠	서식지	아시아, 유럽, 북아메리카, 오스트레일리아
📏	크기	전체 길이 22~28cm

제비갈매기는 사냥 솜씨가 매우 뛰어나요. 물 위를 천천히 날다가 물고기를 발견하면 다이빙하듯이 뛰어들어서 낚아채지요. 사냥은 보통 수컷이 맡는데, 힘들게 잡은 물고기를 암컷에게 몽땅 갖다 바치며 애정을 표현한답니다.

수컷이 암컷에게 물고기를 건넨 뒤 다시 사냥에 나서면 그사이 다른 수컷이 똑같이 물고기를 선물하며 암컷에게 구애하지요. 이렇게 수많은 수컷들이 암컷에게 앞다투어 물고기를 선물하며 사냥 실력을 뽐낸답니다. 물고기를 많이 잡아서 배불리 먹게 해 주어야 암컷의 선택을 받을 수 있기 때문이에요.

==암컷에게 선택 받은 수컷이라도 마음을 놓을 수 없어요. 암컷은 다른 수컷이 물고기를 선물하면 언제든 떠날 수 있거든요.== 버림받는 수컷이 안타깝지만 이것이 제비갈매기 세계의 법칙이랍니다.

누구에게 배우는지보다
제대로 배우는 게 중요해!
갈색얼가니새

저도 데려가 주세요!

어린 갈색얼가니새

새들은 보통 어릴 때 부모에게 하늘을 나는 법과 먹이를 사냥하는 법을 배워요. 부모가 먼저 시범을 보이면 그걸 보고 따라하지요. 그런데 어린 갈색얼가니새는 부모 대신 다른 새를 쫓아다니면서 생존 방법을 배워요. 더 기막힌 사실은 자신과 아예 종이 다른 새를 뒤쫓아 다닌다는 거예요. ==자기처럼 어린 새가 아니라 어른 새 꽁무니만 쫓아다니고, 어른 새가 사냥을 나갈 때 슬그머니 끼어서 뻔뻔스레 물고기를 얻어먹기도 해요.== 드넓은 바다에서 어린 새 혼자 먹이를 찾는 것은 매우 어려울 테니까요. 참 영특하지만 어쩐지 얄밉기도 하네요.

그리고 갈색얼가니새도 검독수리처럼 알을 두 개 낳은 뒤 먼저 태어난 새끼 한 마리만 키워요. 여러모로 참 특이한 새예요.

푸른얼굴얼가니새

기본 정보

📢	이름	갈색얼가니새
🔍	분류	조류 얼가니샛과
🏠	서식지	일본, 태평양, 대서양, 북인도양
📏	크기	전체 길이 65~75cm

범고래가 흘린 먹이는 모두 우리 차지!
검은눈썹앨버트로스

기본 정보

- 이름: 검은눈썹앨버트로스
- 분류: 조류 앨버트로스과
- 서식지: 남극 근처의 섬
- 크기: 전체 길이 83~93cm

검은눈썹앨버트로스는 남극에서 가까운 섬에 살아요. 주로 오징어, 크릴새우, 작은 물고기를 잡아먹지요. 검은눈썹앨버트로스는 날개가 매우 가늘고 길어서 잠수에 적합한 체형이 아니에요. 최대한 깊이 들어가도 4.1미터 정도밖에 안 된답니다.

어느 날 검은눈썹앨버트로스의 배 속에서 깊은 바다에 사는 물고기를 발견한 한 과학자는 이를 의아하게 여기고 검은눈썹앨버트로스 몸에 소형 카메라를 달아 촬영했어요. 촬영된 영상에는 아주 놀라운 장면이 찍혔답니다. ==검은눈썹앨버트로스가 힘들게 잠수하는 대신 범고래를 따라다니면서 범고래가 흘린 물고기를 주워 먹지 뭐예요!== 사실 검은눈썹앨버트로스는 경계심이 적고 사람에게도 쉽게 잡혀 '바보 새'로 불려요. 그런데 이렇게 영리한 걸 보면 어쩌면 다른 꿍꿍이가 있어서 바보인 척 연기하는 것일지도 모르겠네요.

육아는 암컷만 하라는 법이 있나요?
호사도요

새는 보통 수컷이 화려하고 암컷은 수수하게 생겼어요. 대체로 암컷이 홀로 새끼를 키우는데, 참새처럼 암컷과 수컷이 함께 힘을 합쳐 새끼를 키우는 경우도 있지요.

그런데 호사도요는 특이하게 암컷이 수컷보다 더 화려하고 아름다워요. 다른 새들은 수컷이 암컷의 마음을 얻기 위해 애쓰는데, 호사도요는 암컷이 노래를 부르고 나비처럼 날갯짓을 하며 수컷에게 구애하지요. ==하지만 짝짓기를 해서 알을 낳고 나면, 모든 일을 수컷에게 맡기고 새로운 짝을 찾아 훌훌 떠나 버려요.== 즉, 알을 품고 새끼를 돌보는 것은 온전히 수컷의 몫이지요. 호사도요 수컷의 깃털은 화려하지 않고 보호색을 띠고 있어요. 천적으로부터 새끼를 보호하려면 위장이 필수지요. 얼마나 잘 숨는지 '위장의 천재'라고도 불려요.

기본 정보

이름	호사도요
분류	조류 호사도욧과
서식지	아시아, 오스트레일리아, 아프리카 등의 습지와 논
크기	전체 길이 55~69cm

칼럼 속 좁은 자식 사랑

내 새끼는 애지중지
남의 새끼는 문전박대
괭이갈매기의 얌체 육아법

갈매기는 무리를 이루어 둥지를 짓는 새예요. 물론 한집에 다 같이 모여 사는 것은 아니고, 조금씩 간격을 띄워 가족별로 보금자리를 만들어요. 말하자면 친척들이 한 아파트에 모여 사는 것과 비슷해요. 부모 갈매기들은 새끼들을 안전한 둥지에 남겨 두고 바다로 먹이 사냥을 나갑니다.

다닥다닥 둥지를 짓고 사는 괭이갈매기

일본에는 다양한 갈매기들이 서식하고 있는데요. 괭이갈매기와 큰재갈매기만 둥지를 짓고 살아요. 나머지 갈매기들은 겨울을 나기 위해 남쪽으로 가는 도중 잠시 머무는 나그네새랍니다.

일본의 가부시마섬은 괭이갈매기의 서식지로 아주 유명해서 천연기념물로 지정되어 있어요. 섬이지만 육지와 도로로 이어져 있어서 걸어서 갈 수 있지요. '야옹!' 하고 고양이처럼 우는 괭이갈매기들은 특히 가부시마 신사라는 사당 주변에 빽빽이 둥지를 짓고 살아요. 그런데 왜 다닥다닥 붙여서 둥지를 짓는지 궁금하다고요? 그러면 족제비나 고양이 같은 천적이 공격하기 어렵기 때문이에요. 또 사람이 많이 드나드는 곳에 둥지를 틀면 사람을 두려워하는 포식자들이 함부로 다가오지 못해서 훨씬 안전하지요. 괭이갈매기는 사람을 이용할 줄 아는 아주 똑똑한 친구예요.

위험을 알리는 소리는 같아도
새끼를 부르는 소리는 제각각 다르다

괭이갈매기 울음소리를 연구하는 과정에서 재미있는 사실이 밝혀졌어요. 괭이갈매기는 동료에게 위험을 알릴 때 내는 소리가 모두 똑같대요. 위험을 알리는 소리가 들리면 새끼 괭이갈매기들은 일제히 둥지 안으로 숨어요.

반면 새끼가 부모를 부르는 소리와 부모가 새끼를 부르는 소리는 제각각 다르다고 해요. 혹시 새끼가 실수로 다른 둥지에 들어가더라도 부모는 목소리로 제 새끼인지 아닌지 분간할 수 있지요. 만약 남의 새끼면 곧장 쫓아내고, 심한 경우에는 죽이기도 한대요. 죽일 필요까지는 없을 것 같은데 말이지요. 괭이갈매기는 이렇게 한곳에 모여 살면서 함께 위험을 대비하는 사이지만 새끼만큼은 각자 책임진답니다.

펭귄한테서도 괭이갈매기와 비슷한 습성을 발견할 수 있어요. 펭귄은 보통 무리를 이루어 모여 살지만, 사냥한 물고기는 친자식에게만 먹인답니다. 사냥을 나간 엄마 펭귄이 빨리 돌아오지 않아서 우는 새끼를 봐도 못본 체하고, 심지어 가까이 다가오면 콕콕 찔러서 쫓아내기까지 해요. 펭귄의 모성애는 강할지 몰라도 가족이 아닌 남들에게는 야박한 면이 있네요. 하지만 이렇게 철저히 자신과 제 새끼를 보호해야 야생에서 살아남을 수 있다고 하니 마냥 나무랄 수는 없는 일이겠지요?

신비하고 기묘한
바다 생물과 파충류

3장

믿기 어렵겠지만, 바다 생물과 파충류는
상상을 초월할 정도로 기상천외하고 소름 끼치는 생물이에요.
이들이 살아남기 위해 어떤 재주를 부리는지 함께 살펴보아요.

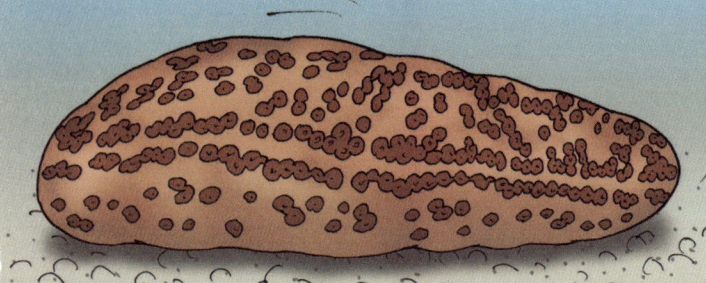

물속에서 유유히 걷는다!
뱀눈검정해삼

뱀눈검정해삼은 식물일까요, 아니면 동물일까요? 두구두구두구, 정답은 동물입니다! 뱀눈검정해삼은 스스로 걸을 수도 있어요. 하마터면 겉모습만 보고 깜빡 속을 뻔했네요.

　뱀눈검정해삼의 몸 아랫면에는 물이 가득 차 있는 가느다란 관이 잔뜩 달려 있어요. 이를 '관족'이라고 해요. 관족 끝에는 자유자재로 폈다 오므렸다 할 수 있는 빨판이 붙어 있지요. 덕분에 바위에 찰싹 달라붙어 편히 쉴 수 있고 먹이를 꽉 잡을 수 있으며, 관족을 폈다 오므렸다 하면서 걷기도 하지요.

　성게처럼 몸에 뾰족한 가시가 박힌 동물을 극피동물이라고 불러요. 뱀눈검정해삼은 가시가 없음에도 극피동물에 속해요. 왜냐하면 극피동물의 또 다른 특징인 관족이 있기 때문이지요. ==물속을 둥실둥실 떠다니는 줄 알았지만, 뱀눈검정해삼은 오늘도 모랫바닥을 굼실굼실 열심히 걷고 있답니다.==

기본 정보

📢	이름	뱀눈검정해삼
🔍	분류	해삼류 검정해삼과
🏠	서식지	태평양~인도양
📏	크기	몸길이 30~40cm

모든 감각을 총동원하는
진심 어린 사냥의 기술
백상아리

❸ 눈으로 확인한 후 덮친다

❷ 로렌치니 기관으로 전류를 감지한다

기본 정보

- 📢 **이름**: 백상아리
- 🔍 **분류**: 어류 악상엇과
- 🏠 **서식지**: 전 세계의 온대와 열대 바다
- 📏 **크기**: 전체 길이 4~6m

백상아리는 사람을 잡아먹는 잔인하고 무시무시한 생물로 알려져 있어요. 하지만 이건 편견이에요. 사람이 백상아리를 공격하지 않는 한, 백상아리가 일부러 사람에게 해를 끼치지 않아요. 간혹 서핑을 하거나 헤엄치는 사람을 바다표범으로 착각해 공격할 때는 있지만, 백상아리가 사람을 무는 일은 매우 드물답니다.

백상아리의 코 주변을 살펴보면 작은 점들이 빼곡히 있어요. 바로 '로렌치니 기관'이라 불리는 전류 감지 센서예요. ==백상아리는 로렌치니 기관을 통해 다른 동물에서 나오는 미세한 전류를 감지해 먹이를 찾아내지요.== 간혹 로렌치니 기관이 서핑하는 사람을 바다표범으로 착각할 때가 있어요. 백상아리는 입맛을 다시며 다가가 눈으로 직접 확인한 뒤, 바다표범과 꼭 닮은 서핑 보드를 덥석 물지만 기대했던 맛과 전혀 다를 테지요. 어쩌면 백상아리는 깜빡 속았다며 오히려 억울해할지도 몰라요.

① 피 냄새를 맡는다

접근 금지!
살짝 닿기만 해도 아파요!
불산호

독 ☠

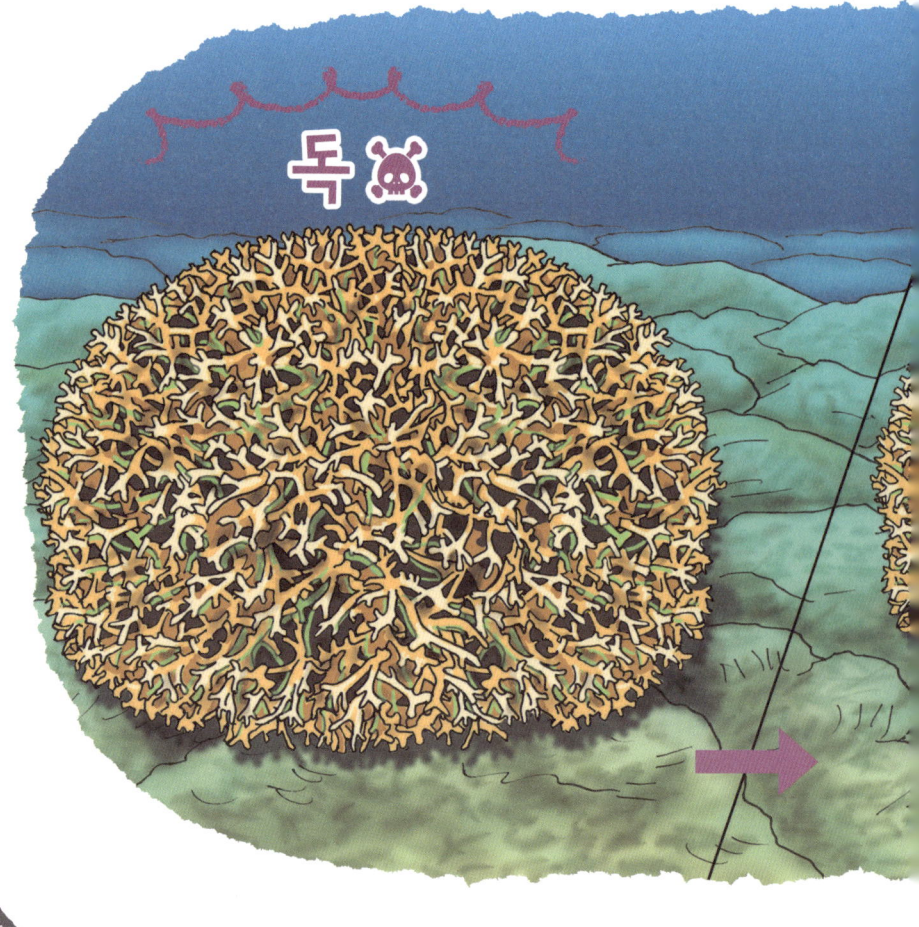

기본 정보

- 📢 **이름**: 불산호
- 🔍 **분류**: 히드라충류 불산호과
- 🏠 **서식지**: 전 세계의 열대 바다
- 📏 **크기**: 지름 1m 전후의 군체

산호를 쏙 빼닮은 불산호는 결코 만만하게 보아선 안 돼요. 바닷속에서 스쿠버 다이빙을 할 때 불산호를 잘못 건드렸다가는 크게 다칠 수 있어요. 평범한 산호에도 독이 있지만, 불산호의 독은 그것과 비교도 안 될 만큼 훨씬 위험해요. ==손끝에 살짝만 닿아도 몹시 쓰라리고 오톨도톨 물집이 생기지요. 심하면 불에 뎄을 때처럼 피부가 벗겨지기도 한답니다.== 사실 스쿠버 다이빙을 할 때는 해양 생물을 눈으로만 보고 함부로 만지지 않는 것이 규칙이에요. 불산호를 만지지 않도록 조심한다면 다칠 일도 없겠죠?

그런데 이렇게 무서운 불산호도 악마불가사리 앞에서는 꼼짝 못 해요. 악마불가사리는 강한 독을 지닌 불산호도 우걱우걱 먹어 치우거든요. 과연 '악마'라고 불릴 만하죠?

우걱우걱

악마불가사리에게는 통하지 않는다!

가짜 미끼로 먹이를 잡는 노련한 낚시꾼
노랑씬뱅이

기본 정보

- 이름: 노랑씬벵이
- 분류: 어류 씬벵잇과
- 서식지: 한국, 일본, 중국
- 크기: 전체 길이 14cm

노랑씬벵이는 여느 물고기처럼 먹이를 잡으러 다니지 않아요. 모자반 같은 해조 사이에 몸을 숨긴 채 먹잇감이 다가오기를 기다리죠. 몸 빛깔이 노란색인 데다 흑갈색 얼룩무늬가 있어서 가만히 있으면 진짜 해조처럼 보이거든요. 게다가 코끝에는 미끼 역할을 하는 촉수까지 달려 있어요. 이제 노랑씬벵이는 물속을 떠나니는 해조를 가슴지느러미로 붙잡고 차분히 먹잇감을 기다린답니다.

기다림 끝에 작은 물고기나 새우가 가짜 미끼에 속아 코앞까지 다가오면, 노랑씬벵이는 지느러미를 움직여 물을 세차게 뿜어요. 먹잇감이 깜짝 놀라 허둥지둥하는 틈을 놓치지 않고 입을 크게 벌려 단숨에 잡아먹죠. 미끼를 이용해 먹잇감을 낚아채다니 진짜 낚시꾼 같죠? 사실 노랑씬벵이는 같은 동족인 씬벵이까지 먹어 치우는 잔인한 물고기랍니다.

입을 쩍 벌리고 먹이를
노리는 바다의 파리지옥
큰입멍게

열대 과일처럼 생긴 멍게는 회로 먹거나 비빔밥으로 만들어 먹을 만큼 사람들이 즐겨 먹는 해산물이에요. 하지만 생김새부터 예사롭지 않은 큰입멍게는 우리가 잘 아는 멍게와 완전히 달라요.

얼핏 헬멧처럼 보이는 큰입멍게는 멍게류 가운데 드물게 육식을 하는데, 사냥 방법이 매우 특이하답니다. 입을 크게 벌리고 바닷물을 들이마셨다가 뒤쪽에 있는 구멍으로 다시 토해 내면 끝이에요. 그러니까 바닷물 속에 들어 있는 플랑크톤과 작은 갑각류만 걸러서 먹는 거지요. 꼼짝도 하지 않고 서서 그저 먹잇감이 입안으로 흘러 들어오길 기다리면 배불리 먹을 수 있다니, 정말 신기하지요?

한편 오스트레일리아의 태즈메이니아섬에는 상상을 초월할 정도로 거대한 큰입멍게가 살고 있어요. 몸길이가 무려 50센티미터에 달하는 큰입멍게는 작은 물고기까지 잡아먹는답니다.

다 잡아먹을 테다!

몸길이 50cm

오스트레일리아에 사는 큰입멍게

기본 정보

- **이름**: 큰입멍게
- **분류**: 멍게류 옥타크네무스과
- **서식지**: 전 세계의 심해
- **크기**: 입 부분 지름 5~7cm, 자루 부분 3~5cm

093

난 원래 '독한' 물고기가 아니에요!
자주복

자주복은 위험한 물고기지만…,

자주복은 참복과의 바닷물고기예요. 복어 중에서 가장 맛이 좋아서 고급 요리에 많이 쓰이지요. 겨울이 제철이지만, 요즘은 양식을 통해 일 년 내내 먹을 수 있답니다. 다만 자주복은 사람의 생명을 위협할 정도로 강한 맹독을 지니고 있으니 요리하거나 먹을 때 조심해야 해요.

이 맹독의 이름은 '테트로도톡신'이에요. 자주복은 특히 난소와 간에 강력한 독을 지니고 있지요. 반면 복섬처럼 온몸에 독을 지닌 복어도 있답니다.

그런데 **놀랍게도 자주복을 비롯한 모든 복어들이 태어날 때부터 몸에 독을 지니고 있는 것은 아니에요! 독을 지닌 생물을 계속 잡아먹는 바람에 몸속에 독이 쌓인 것이지요.** 새끼 복어의 몸에는 독이 없고, 양식장에서 독성이 없는 먹이를 먹고 자란 복어의 몸에도 독이 거의 없답니다.

새끼 복어에는 독이 없다!

기본 정보

📢	이름	자주복
🔍	분류	어류 참복과
🏠	서식지	한국, 일본, 동중국해, 북태평양 북서부
📏	크기	전체 길이 70cm

우적우적

고깔해파리

기본 정보

📢	이름	파란갯민숭달팽이
🔍	분류	복족류 갯민숭달팽잇과
🏠	서식지	전 세계의 온대와 열대 바다
📏	크기	몸길이 2~5cm

해파리의 맹독으로
자신을 지키는 킬러
파란갯민숭달팽이

유난히 화려한 파란색을 띠는 파란갯민숭달팽이는 용을 닮아서 '블루 드래곤'이라고도 해요. 그런데 작고 예쁘다고 해서 덜컥 맨손으로 잡았다가는 큰코다칠 수 있답니다. 몸속에 독침을 숨기고 있다가 위험을 느끼면 곧장 쏘아 버리거든요.

사실 파란갯민숭달팽이는 스스로 독을 만들지 못해요. ==고깔해파리와 푸른관해파리 같은 독해파리를 잡아먹을 때 해파리의 독을 몸속에 저장했다가 필요할 때마다 꺼내 쓰는 거예요.== 그러니까 독을 지닌 생물한테서 독을 훔치는 셈이지요. 정말 황당하지만 전부 사실이에요.

파란갯민숭달팽이는 보통 따뜻한 바다 위를 둥실둥실 떠다니며 살아요. 혹시 발견하더라도 절대로 만지지 마세요. 귀여운 외모 뒤에 무시무시한 독을 숨기고 있으니까요.

은혜를 원수로 갚는 배신자
필로소마

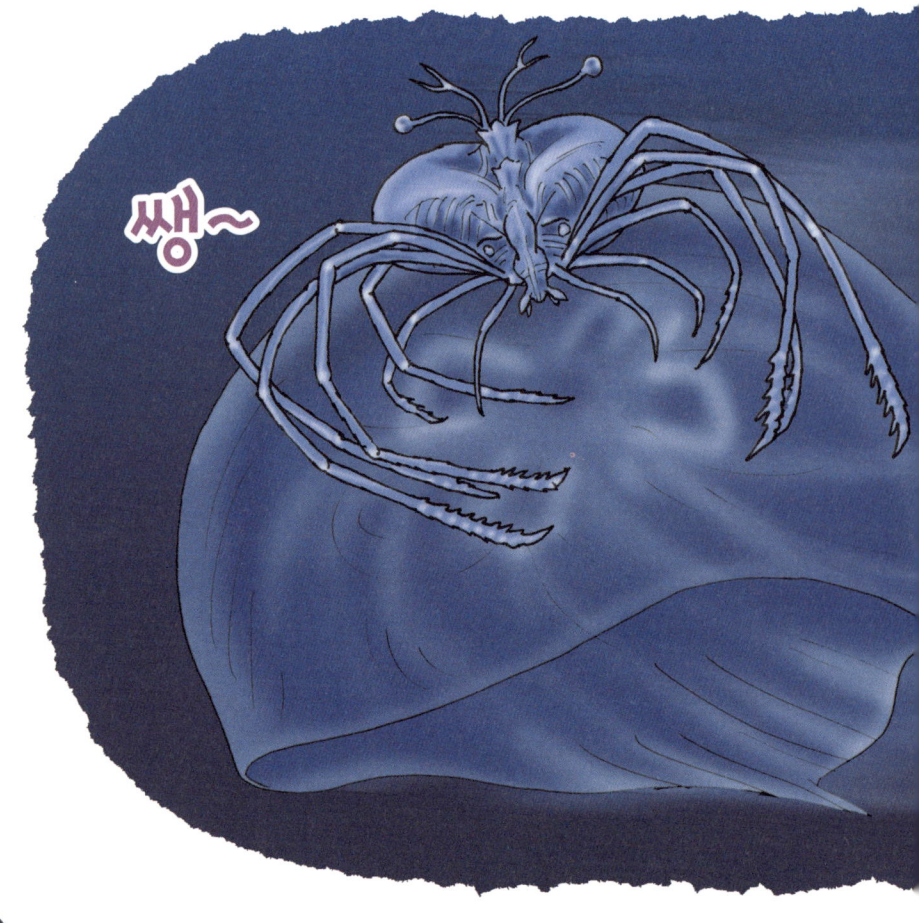

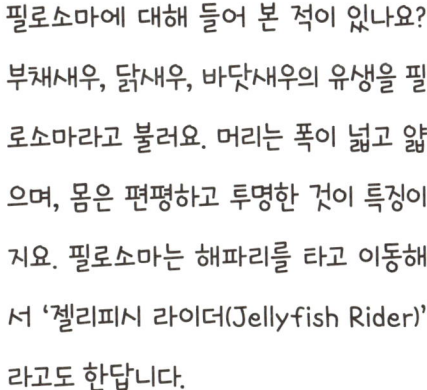

기본 정보

- 📢 **이름** 필로소마(젤리피시 라이더)
- 🔍 **분류** 갑각류 매미새웃과 닭새웃과
- 🏠 **서식지** 인도양, 태평양의 따뜻한 바다
- 📏 **크기** 몸길이 1~10mm

 필로소마에 대해 들어 본 적이 있나요? 부채새우, 닭새우, 바닷새우의 유생을 필로소마라고 불러요. 머리는 폭이 넓고 얇으며, 몸은 편평하고 투명한 것이 특징이지요. 필로소마는 해파리를 타고 이동해서 '젤리피시 라이더(Jellyfish Rider)'라고도 한답니다.

 필로소마는 일 년 정도 해파리 몸에 들러붙어서 살아요. ==해파리를 이동 수단 삼아 이리저리 돌아다니고, 몸을 숨기는 은신처로도 사용하지요. 심지어 배가 고프면 해파리를 잡아먹기도 해요.== 일 년이나 해파리에게 얹혀살면서 도움을 받아 놓고 보답은커녕 은혜를 원수로 갚다니 정말 배은망덕하네요.

자식 사랑이 유별난 멋쟁이 열대어
파자마 카디널 피시

파자마 카디널 피시는 최고의 인기를 자랑하는 열대어 중 하나예요. 머리는 노랗고 몸통에는 허리띠를 맨 것 같은 검은색 줄무늬가 있지요. 몸통 아래쪽에는 동글동글한 자주색 물방울무늬가 있어서 마치 파자마 바지를 입은 것처럼 보인답니다.

==파자마 카디널 피시는 암컷이 알을 낳으면 수컷이 알을 입속에 넣고 다녀요. 천적으로부터 알을 안전하게 보호하기 위해서지요. 그래서 수컷은 알이 부화될 때까지 아무것도 먹지 않는답니다.== 자식에 대한 사랑이 정말 감동적이네요.

이윽고 알에서 새끼가 태어나면 긴가시성게의 가시 사이에 숨겨요. 큰 물고기들이 새끼를 잡아먹고 싶어도 성게 가시에 찔릴까 무서워서 얼씬도 못 하거든요. 다만 파자마 카디널 피시는 자식의 은인이나 다름없는 긴가시성게에게 따로 보답하지는 않는답니다.

말미잘 글러브로
펀치를 날리는 권투 선수
가는손부채게

==가는손부채게는 집게발이 매우 작아요. 그래서 양쪽 집게에 말미잘을 쥐고 다니면서 먹이를 잡을 때 사용하고, 적이 다가오면 움켜쥔 말미잘을 휘둘러서 쫓아내기도 하지요.== 말미잘이 독침을 지니고 있어서 덩치 큰 물고기도 덜덜 떨면서 줄행랑친답니다.

그런데 말미잘이 가는손부채게에게 이용당하기만 하는 건 아니에요. 가는손부채게가 자신을 쥐고 흔들 때마다 플랑크톤을 얻어먹고, 가는손부채게가 실수로 떨어뜨리면 그 자리에서 번식할 수도 있어요. 그러니까 복서게와 말미잘은 서로 도우며 함께 살아가는 똑똑한 공생 관계랍니다.

최근에 새롭게 밝혀진 사실이 있어요. 가는손부채게가 말미잘을 반으로 잘라 양쪽 집게에 하나씩 끼우더라도 얼마 뒤면 잘린 말미잘이 원래 모습으로 복구된다고 해요. 말미잘의 생명력이 정말 대단하지 않나요?

기본 정보

📣	이름	가는손부채게
🔍	분류	갑각류 부채겟과
🏠	서식지	인도양, 태평양의 열대 바다
📏	크기	등딱지 폭 약 1~2.5cm

덩치만 큰 겁쟁이
코모도왕도마뱀

코모도왕도마뱀은 세계에서 가장 큰 도마뱀이에요. 물소를 잡아먹을 만큼 강력한 힘을 지녔고 사람도 공격한다고 알려져 많은 사람들이 두려워하지요.

하지만 코모도왕도마뱀은 사실 무척 겁쟁이랍니다. 특히 두 발로 서 있는 사람을 보면 자기보다 크고 세 보이는지 기겁해서 달아나요. 무시무시한 외모와 왕도마뱀이라는 이름에 걸맞지 않은 모습이지요. 반면 누워 있는 사람은 먹잇감이라고 여겨 덮칠 수 있으니 조심해야 해요.

코모도왕도마뱀은 현재 인도네시아 코모도섬과 그 주변 섬에 살고 있어요. 인간에 의해 서식지를 위협받으면서 지금의 코모도섬 등지에 모여든 것이지요. 코모도왕도마뱀은 현재 멸종 위기종으로 지정되어 인도네시아 정부의 특별 보호를 받고 있다고 해요.

기본 정보

📢	이름	코모도왕도마뱀
🔍	분류	파충류 왕도마뱀과
🏠	서식지	인도네시아 코모도섬 등지
📏	크기	전체 길이 2~3m

귀신같은 사냥 실력과 악마를 닮은 얼굴
촉수뱀

촉수뱀은 주둥이에 한 쌍의 촉수가 달려 있어요. 이 촉수가 마치 악마의 뿔 같아서 '악마를 닮은 뱀'이라고 불리지요. 그런데 촉수는 오랫동안 의문에 싸여 있다가 최근에야 그 쓰임새가 밝혀졌답니다.

촉수뱀은 강이나 연못 등지에서 물고기를 잡아먹고 살아요. <mark>물속에서 몸을 길게 뻗은 채 기다리다가 물고기가 다가오면 촉수를 이용해 단숨에 낚아채지요. 촉수에 감각 신경이 빼곡히 차 있어서 순식간에 외부 자극을 감지할 수 있기 때문이에요.</mark> 촉수뱀은 이렇게 사냥한 먹잇감을 독니로 물어 손쉽게 숨통을 끊는답니다.

게다가 촉수뱀은 몸통의 독특한 무늬와 색깔 때문에 숨죽인 채 가만히 있으면 영락없는 나뭇가지로 보여요. 나뭇가지로 위장한 채 조용히 기다리다가 먹잇감이 가까워지면 물고기의 움직임을 미리 예측한 뒤 머리만 움직여 번개처럼 낚아채는 거예요. 이런 걸 두고 '귀신같은 솜씨'라고 말하는 것이겠지요.

기본 정보

📢	이름	촉수뱀
🔍	분류	파충류 물뱀과
🏠	서식지	캄보디아, 태국, 베트남
📏	크기	전체 길이 60~100cm

칼럼 **강자의 내 몸 관리법**

강한 생물일수록 상처를 두려워한다

평화로워 보이는 바닷속에도 약육강식의 세계는 존재합니다. 저 멀리 상어 한 마리가 정어리 떼를 쫓아가는 모습이 보이네요. 정어리 떼는 상어에게 잡아먹히지 않으려고 무리를 지어 질서 정연하게 이동하지요.

우리 눈에는 상어가 앞뒤 안 가리고 정어리 떼를 향해 돌진하는 것처럼 보이지만, 그건 오해예요. 상어는 정어리 떼와 부딪치지 않으려고 살살 피하면서 다가간답니다.

몸집이 큰 상어도 작은 정어리를 피한다

상어는 정어리 떼와 부딪쳐 다칠까 봐 늘 조심해요. 강한 생물일수록 몸이 유일한 재산이자 무기이기 때문에 몸에 상처라도 생기면 큰일이거든요. 상어는 정어리처럼 동료들과 무리를 이루어 살아가는 동물이 아니어서 스스로 제 몸을 지키며 살아남아야 해요. 혹시라도 다쳐서 움직이지 못하면 조용히 죽음을 기다리는 수밖에 없답니다. 그런 상황만은 피하기 위해 몸을 사리는 것이지요.

그런데 상어는 왜 위험을 감수하면서까지 정어리 떼를 쫓을까요? 바로 뒤처지거나 무리에서 떨어져 나온 정어리를 잡아먹기 위해서예요. 정어리 떼와 부딪치지 않으면서 먹이를 얻을 수 있는 방법이지요. 상어에게는 뭐니 뭐니 해도 몸을 안전하게 지키는 일이 가장 중요하니까요.

이는 비단 바닷속에서만 일어나는 일은 아니에요. 땅 위에서도 마찬가지랍니다. 앞서 설명한 것처럼 사자는 무리를 지어 사냥을 하는데, 먹잇감

이 눈앞에 있다고 해서 무작정 달려들지는 않아요.

눈을 감고 초원에서 얼룩말 무리가 느긋하게 쉬고 있는 모습을 상상해 보세요. 사자는 먼저 얼룩말 무리를 뿔뿔이 흩어지게 한 뒤 가장 약하고 느린 얼룩말을 쫓아가요. 먹잇감을 잘못 골랐다가는 얼룩말의 뒷발에 차일 수 있기 때문이지요. 뒷발에 차이면 크게 다칠 뿐만 아니라 다음 사냥을 나서지 못할 수도 있어요. 사자는 그런 일을 방지하기 위해 힘이 약한 먹잇감을 골라 무리에서 떼어 놓은 뒤 단체로 공격한답니다.

힘센 생물일수록 자기 몸을 아낀다

사자는 사냥할 때 일단 암컷 한 마리가 선두에 나서서 누 떼 같은 먹잇감을 뒤쫓아요. 그러면 조금 뒤 약하고 느린 새끼 누가 무리에서 뒤처지지요. 바로 그때 다른 사자들도 가세해 다 함께 새끼 누를 뒤쫓기 시작해요. 새끼 누는 있는 힘껏 달아나지만 사자 무리를 따돌리기에는 역부족이에요. 결국 반대편에서 기다리고 있던 다른 사자에게 목이 물려 숨이 끊어지지요. 이렇게 사자가 목을 노리는 이유는 목이 급소이기 때문이에요. 목을 공격하면 대부분 찍소리도 못 하고 그 자리에서 바로 죽는답니다.

마침내 사자는 털끝 하나 다치지 않고 사냥에 성공해 주린 배를 채워요. 사자처럼 강한 생물일수록 다치는 것을 극도로 싫어하며, 유일한 재산이자 사냥 도구인 자기 몸을 소중히 여기고 아낀답니다.

4장 작은 몸으로 끈질기게 살아남은 곤충

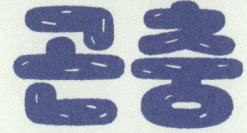

곤충의 삶은 몹시 고단해요.
곤충을 노리는 천적이 사방에 넘쳐나기 때문이에요.
하지만 곤충은 숨고, 위장하고, 기생하면서 지금까지 살아남았어요.
때로는 오싹하고 가끔은 애처로운 곤충의 생존 전략을 살펴보아요.

개미로 완벽하게 변신!
산개미거미

'호가호위(狐假虎威)'라는 사자성어가 있어요. 여우가 호랑이의 힘을 빌린다는 뜻으로, 힘이나 능력도 없으면서 남을 앞세워 큰소리칠 때 쓰는 말이에요. 지금 소개할 산개미거미에게 딱 맞는 표현이지요.

==산개미거미는 개미인 척 흉내를 내서 적의 공격을 피한답니다. 개미가 무서워서 가까이 오지 않는 동물이 꽤 많거든요.== 산개미거미는 개미처럼 보이는 게 훨씬 안전하다는 것을 영리하게 알아차린 거지요.

옆의 그림은 수컷 산개미거미예요. 턱이 크게 발달해서 개미와 조금 달라 보이지만, 암컷은 턱이 크지 않아 모두가 깜빡 속을 만큼 개미와 판박이예요. 다만 산개미거미는 다리가 여덟 개로 개미보다 두 개 더 많은데, 첫 번째 다리 한 쌍을 더듬이처럼 세우고 나머지 여섯 개의 다리로만 걸어서 개미와 완벽하게 위장한답니다.

기본 정보

- 이름: 산개미거미
- 분류: 거미류 깡충거밋과
- 서식지: 아시아와 유럽 등지
- 크기: 몸길이 암컷 약 7~8mm, 수컷 약 5~6mm

자폭개미

자기 몸을 터뜨려
적을 물리치는 희생정신

==자폭개미는 적을 만나면 배를 높이 들어 올려 경고를 보내요. 그래도 적이 공격해 오면 상대방을 붙잡은 다음 배의 근육을 수축해서 자신의 신체를 터뜨려 버린답니다.== 이때 몸속에 있던 노란색 액체가 뿜어져 나오는데, 냄새가 지독한 데다 끈적끈적해서 적을 꼼짝 못 하게 만들지요. 뿐만 아니라 독성 물질이 포함되어 있어서 적은 결국 목숨을 잃게 된답니다.

일개미에 속하는 자폭개미는 동료와 집을 지키기 위해 목숨 바쳐 일하다가 이렇게 최후를 맞이해요. 적의 사체는 동료들이 집으로 가져가 식량으로 삼지요.

한편 적이 개미집에 침입하려고 하면 일부 자폭개미는 머리로 입구를 막아 버려요. 작고 연약해 보이지만 생김새와 달리 집을 지키려는 자폭개미의 용기가 대단하지 않나요?

기본 정보

📢	이름	자폭개미
🔍	분류	곤충류 개밋과
🏠	서식지	보르네오섬
📏	크기	몸길이 5mm

화려한 무늬에 담긴 무서운 경고
무당벌레

으악, 위험해!

기본 정보

- 📢 **이름** 무당벌레
- 🔍 **분류** 곤충류 무당벌렛과
- 🏠 **서식지** 한국, 중국, 일본, 대만 등지
- 📏 **크기** 몸길이 최대 1cm

무당벌레는 화려한 색깔과 등에 난 동그란 점이 아주 귀여워요. 그런데 이렇게 눈에 확 띄는 색깔과 점무늬가 적에게 보내는 경고라는 사실을 알고 있나요? ==무당벌레는 몸 색깔을 주위 환경과 비슷하게 만들어 숨기도 하지만, 강렬한 색깔과 무늬로 '나를 공격하면 큰코다칠 줄 알아!' 하고 끊임없이 경고를 보내지요.==

한편 무당벌레는 위험을 느끼면 곧장 몸을 뒤집어 죽은 척해요. 이는 의도적인 행동이 아니라, 적을 보고 놀라 반사적으로 몸이 굳어지면서 자연스럽게 나오는 반응이랍니다. 이때 다리 쪽에서 아주 쓰고 고약한 냄새가 나는 액체를 내뿜는데 특히 새들이 굉장히 싫어해요. 무당벌레는 이렇게 독특한 생존 전략으로 천적으로부터 자신을 지킨답니다.

본능에 충실한 위장 전문가
깨다시하늘소

깨다시하늘소는 검정 바탕에 푸른 황색 무늬가 깨알같이 여기저기 흩어져 있는 하늘솟과의 곤충이에요. 숲속의 병든 나무에서 쉽게 만날 수 있어요.

==깨다시하늘소는 생명의 위협을 느끼면 죽은 듯이 발라당 드러누워요.== 그러면 몸 색깔이 주위 환경과 매우 비슷해서 눈에 잘 띄지 않아요. 깨다시하늘소는 이렇게 자기만의 생존 기술을 쓰면서 천적이 자리를 뜨기를 조용히 기다려요. 시간이 지나고 마침내 천적이 멀리 사라지면 아무 일도 없었다는 듯이 시치미를 뚝 떼며 본모습으로 돌아온답니다.

적을 속이는 솜씨가 제법이라고요? 사실 깨다시하늘소는 천적이 무서워서 꼼짝 못 하다가, 천적이 사라지자 그제야 긴장을 푼 것뿐이에요. 이게 다 험난한 생태계에서 살아남으려는 본능이랍니다.

기본 정보

📢	이름	깨다시하늘소
🔍	분류	곤충류 하늘솟과
🏠	서식지	한국, 일본, 시베리아, 중국
📏	크기	몸길이 10~15mm

이렇게까지 해서 알을 낳아야 할까?
나비잠자리

수컷을 따돌리기 위해

기본 정보

📢	이름	나비잠자리
🔍	분류	곤충류 잠자릿과
🏠	서식지	한국, 일본, 중국
📏	크기	배 길이 20~25mm

수컷으로 변신!

나비잠자리는 뒷날개가 유난히 넓어서 마치 나비처럼 나풀나풀 날갯짓하며 하늘을 날아요. 언뜻 보면 정말 나비 같아서 나비잠자리라는 이름이 붙었지요.

보통 수컷은 푸른빛이 도는 보라색이고, 암컷은 초록색이에요. 그런데 특정 시기가 되면 보라색 암컷이 나타나기도 해요. 정확한 이유는 아직 밝혀지지 않았는데, 산란기를 맞이한 암컷이 수컷의 끈질긴 공격을 피하기 위해 몸 색깔을 바꾸는 게 아닐까 추측하고 있어요. 생태계에는 암컷이 다른 수컷의 새끼를 낳지 못하게 방해하는 수컷이 많거든요. ==암컷을 계속 쫓아다니며 산란을 방해하는 수컷을 따돌리려면 보라색 옷을 입고 수컷 흉내를 낼 수밖에 없겠지요.== 알을 낳기 위해 변장까지 해야 하다니, 암컷의 삶이 참 고달프네요.

자기 자식을 낳기 위해
남의 자식을 죽이는 저승사자
맵총벌

벌은 얌체같이 남의 집에 알을 낳고 기생하는 습성이 있어요. 그중에서도 말꼬리처럼 긴 산란관을 가진 말총벌은 아주 끔찍한 방법으로 기생해요.

짝짓기를 마친 암컷 말총벌은 나무줄기 깊숙한 곳에 자리 잡고 있는 하늘소 번데기 몸에 산란관을 찔러 넣어 알을 낳아요. 말총벌이 어떻게 하늘소 번데기를 찾아내 산란관을 정확히 찔러 넣는 것인지는 밝혀지지 않았어요. 다만 하늘소 번데기가 거의 움직이지 않으므로 산란관을 꽂기 쉽지 않을까 추측할 뿐이랍니다. ==시간이 지나 알에서 부화한 말총벌 애벌레는 하늘소 번데기를 야금야금 먹으면서 머리를 빼죽 내밀고 밖으로 나와요.== 하늘소 번데기는 이렇게 철저하게 말총벌의 희생양이 되어 모든 것을 빼앗긴 뒤 죽음을 맞이한답니다.

산란관을 찔러 넣어 알을 낳는 말총벌

기본 정보

- **이름** 말총벌
- **분류** 곤충류 고치벌과
- **서식지** 한국, 일본 등지
- **크기** 몸길이 15~25mm (산란관은 몸길이의 4~8배)

굴러온 돌이
박힌 돌을 빼낸다!
육니청벌

육니청벌은 머리와 가슴이 초록색이고 배는 자주색인데, 각 마디의 끝은 광택이 나는 초록색이에요. 반짝이는 드레스를 입은 것처럼 찬란하게 빛나는 육니청벌의 겉모습은 무척 예쁘지요. 하지만 아름다운 생김새와 달리 육니청벌의 행동은 진짜 얌체 같답니다.

==육니청벌은 호리병벌이 열심히 집을 지으면 그곳에 몰래 알을 낳아요. 호리병벌은 그것도 모르고 알에서 깨어난 육니청벌 애벌레를 정성껏 키우지요.== 반면 육니청벌 애벌레는 어느 정도 자라면 호리병벌의 알과 먹이를 먹어 치우고 심지어 집까지 빼앗아 버려요. 참 야비하지만 이 또한 곤충의 생존 방법 중 하나랍니다.

어떤 청벌은 독침을 가진 거대한 말벌 집에 기생해 알을 낳기도 해요. 이처럼 청벌은 몸집은 작아도 아주 대범하답니다.

기본 정보

이름	육니청벌
분류	곤충류 청벌과
서식지	한국, 일본
크기	몸길이 10~12mm

살기 위해 필요한 건 덩치가 아니라 뻔뻔함이야!
검정알벌

검정알벌은 몸길이가 1밀리미터도 채 되지 않아요. 게다가 머리, 가슴, 배의 길이가 똑같은 삼등신이어서 무척 앙증맞지요. 하지만 보기와 달리 교활하고 배짱이 두둑하답니다.

검정알벌은 거미를 비롯한 여러 곤충의 알에 주삿바늘처럼 생긴 산란관을 꽂고 알을 낳아요. 남의 알 속에서 깨어난 검정알벌 애벌레는 원래 그 집의 주인인 것처럼 뻔뻔하게 굴면서 다른 곤충의 알을 야금야금 먹으며 번데기로 자라지요.

<mark>검정알벌은 용감하게도 자기보다 몇십 배나 큰 곤충에 기생해서 살아요. 힘센 곤충의 알은 흔적도 없이 사라지고 작디작은 검정알벌의 알만 살아남는 것을 보면 곤충의 세계는 참 기묘한 것 같아요.</mark>

기본 정보

📢	이름	검정알벌
🔍	분류	곤충류 검정알벌과
🏠	서식지	일본
📏	크기	몸길이 0.5~1mm

날카로운 톱니처럼 생겼지만
나뭇잎조차 자르지 못해요.

톱니를 휘두르며
싸우는 허풍쟁이
톱니뿔매미

톱니뿔매미는 머리에 아주 위협적으로 보이는 톱니 모양의 돌기가 달려 있어요. 하지만 겉만 그럴싸하고 실속은 하나도 없답니다. 이 톱니로는 얇은 나뭇잎 하나도 자르지 못하거든요. 하지만 천적을 만났을 때는 톱니가 엄청난 위력을 발휘해요. ==톱니뿔매미가 머리를 불쑥 쳐들고 커다란 날개를 펄럭이면 천적은 날카로워 보이는 톱니와 날개의 눈알 무늬에 겁을 집어먹고 부리나케 도망치지요.== 비록 진짜 톱니는 아니지만, 덕분에 천적을 멀리 쫓아낼 수 있으니 톱니뿔매미에게는 강력한 무기나 마찬가지예요.

한편 장수풍뎅이처럼 머리에 뿔 모양의 돌기가 달려 있거나 멋진 날개를 가진 뿔매미가 여럿 있어요. 이 돌기와 날개가 공격력은 약할지 몰라도 천적을 위협하는 데는 아주 유용하답니다.

기본 정보

- **이름**: 톱니뿔매미(쎄라타톱니뿔매미)
- **분류**: 곤충류 뿔매밋과
- **서식지**: 중앙아메리카~남아메리카의 열대 우림
- **크기**: 날개를 편 길이 70~85mm

내가 바로 우리 동네 숨바꼭질 대장
민꽃게거미

==민꽃게거미가 몸 색깔을 노랗게 바꾸고는 노란 꽃 속에 숨어 있어요. 가만히 숨을 죽인 채 먹잇감인 꿀벌이나 나비가 다가오기를 기다리지요.== 조금 뒤 아무것도 모르는 꿀벌 한 마리가 맛있는 꿀을 찾아 노란 꽃에 날아와 앉으면, 민꽃게거미가 잽싸게 꿀벌을 낚아채 순식간에 먹어 치웁니다. 정말 무시무시하지요?

민꽃게거미는 이렇게 거미줄을 쳐서 사냥하지 않고 먹잇감을 직접 잡으러 다녀요. 비교적 추운 지역에 살며 꽃게와 매우 비슷하게 생겨서 민꽃게거미란 이름이 붙었지요.

개체 수가 워낙 적은 데다 맨눈으로 볼 때는 도무지 곤충 같지 않아서 좀처럼 만날 수 없답니다.

기본 정보

📢	이름	민꽃게거미
🔍	분류	곤충류 게거밋과
🏠	서식지	일본, 북아메리카, 유럽
📏	크기	몸길이 3~9mm

꽃으로 완벽하게 위장하는 위장술의 달인
난초사마귀

동남아시아에 서식하는 난초사마귀는 생김새와 몸 색깔이 분홍색 난초꽃과 똑 닮았어요. 특히 몸통과 다리가 꽃잎의 생김새와 무척 비슷하지요. 난초사마귀는 이렇게 꽃으로 위장한 채 기다리다가 벌과 나비가 꿀을 찾아 날아들면 낫처럼 생긴 다리로 순식간에 낚아챈답니다.

==난초사마귀의 변장술은 먹이를 사냥할 때 꼭 필요한 기술인데, 천적으로부터 자신을 보호할 때도 매우 유용해요.== 제아무리 눈이 좋은 새라도 꽃으로 변장한 난초사마귀는 알아차리기 어렵거든요.

난초사마귀는 이외에도 비상한 재주가 하나 더 있어요. 몇몇 곤충은 천적에게서 반사되어 나오는 자외선을 감지해 적의 동태를 감지해요. 하지만 난초사마귀는 자외선을 흡수하기 때문에 다른 곤충들이 난초사마귀의 움직임을 눈치채기가 매우 어렵답니다.

덥석

기본 정보

이름	난초사마귀
분류	곤충류 애기사마귓과
서식지	동남아시아의 열대 우림
크기	몸길이 암컷 70mm, 수컷 35mm

자유롭게 몸 색깔을 바꾸는 변신의 귀재
호랑나비 애벌레

숲속에는 호시탐탐 곤충을 노리는 무서운 천적들이 곳곳에 숨어 있어요. 곤충들은 천적의 위협을 피하기 위해 갖은 방법을 동원하지요. ==예를 들어 호랑나비 애벌레는 흡사 새똥처럼 생긴 자신의 외모를 적극 활용해요. 어떤 새든 자기 똥처럼 생긴 벌레는 먹고 싶지 않을 테니까요.== 즉, 새똥 변장이 조금 구차하긴 해도 호랑나비 애벌레에게는 훌륭한 생존 방법이랍니다.

그런데 문제는 애벌레의 몸집이 커지면 더는 새똥으로 보이지 않는다는 거예요. 번데기로 변신하기 직전의 호랑나비 애벌레는 무려 4센티미터까지나 자라요. 그러면 이번에는 몸 색깔을 초록색으로 바꿔 나뭇잎으로 위장해요. 새는 또다시 호랑나비 애벌레에게 속고 말지요. 천적이 많은 곤충은 호랑나비 애벌레처럼 생존 전략을 잘 짜야 살아남을 수 있답니다.

기본 정보

📢	이름	호랑나비
🔍	분류	곤충류 호랑나빗과
🏠	서식지	한국, 중국, 일본 등지
📏	크기	갓 태어난 애벌레 2mm, 번데기가 되기 직전의 애벌레 40mm

여왕개미의 페로몬이 계급을 만든다!
흰개미

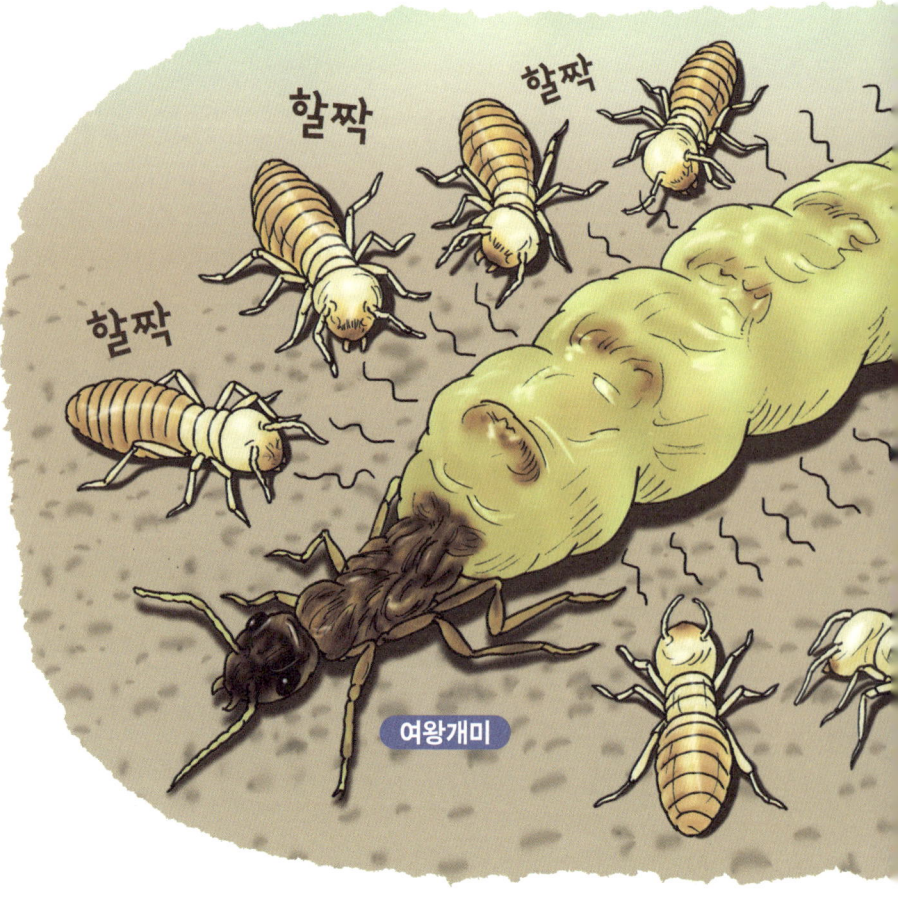

흰개미는 개미와 비슷하게 생겨서 이름에도 개미가 붙었지만, 습성이나 특징은 개미보다 바퀴벌레에 더 가까워요.

그나마 흰개미와 개미의 가장 큰 공통점은 무리 안에 지위와 역할이 각기 다른 계급이 존재한다는 거예요. 개미 사회의 계급은 평생 열심히 알을 낳는 여왕개미, 부지런히 일하는 일개미, 집을 지키는 병정개미로 나누어져 있어요. 몸집이 크고 뚱뚱한 여왕개미는 혼자서는 움직일 수 없어서 일개미가 여왕개미의 몸을 깨끗이 핥으며 보살피지요.

여왕개미가 이렇게 무리를 다스릴 수 있는 것은 '페로몬'이라는 물질 덕분이에요. ==여왕개미는 페로몬을 뿜어서 암컷 일개미의 성장을 막아 알을 낳지 못하게 만들지요.== 모든 일은 일개미에게 맡기고, 자기는 알만 낳으면서 사는 거예요. 안타깝게도 일개미는 태어나서 죽을 때까지 일만 하는 운명이랍니다.

기본 정보

📢	이름	흰개미
🔍	분류	곤충류 흰개밋과
🏠	서식지	한랭대를 제외한 전 세계
📏	크기	몸길이 여왕개미 15mm, 일개미 4~6mm

| 칼럼 | **보호색의 진실** |

바꾸는 게 아니라
저절로 바뀌는 것이다

몸 색깔을 바꾸는 동물 중 누가 가장 유명할까요? 바로 카멜레온이에요. 카멜레온은 툭 튀어나온 눈알을 굴리며 쉴 새 없이 주위를 경계하고 몸 색깔도 끊임없이 바꾸지요. 그런데 카멜레온은 주위 환경을 스스로 판단하여 몸 색깔을 바꾸는 것이 아니라, 자기를 둘러싼 주변에 맞춰 몸 색깔이 저절로 변하는 거랍니다.

카멜레온의 몸 색깔은 빛과 감정에 따라서도 바뀌어요. 카멜레온 피부 세포 속 색소에 빛이 닿으면 어떤 특별한 변화가 일어나면서 색깔이 변하지요. 또한 카멜레온은 몸에 털이 없어서 몸 색깔을 바꿔 체온을 조절해요. 더울 때는 열이 잘 흡수되지 않는 색으로 바뀌어 더위를 이겨 낼 수 있어요.

그런데 최근 연구에 따르면 카멜레온의 몸 색깔이 자유자재로 바뀌는 이유는 색소가 아니라 피부 세포의 구조 변화에 따른 결과라고 해요. 카멜레온이 피부를 당기거나 느슨하게 하여 피부 세포 구조를 바꿔 특정 색만 반사하는 것이에요. 아직은 학설 단계여서 앞으로 더 깊은 연구가 이루어

어휴, 더워!

져야겠지만, 단순히 색소가 달라지는 것이 아니라 세포 구조가 바뀌는 것인 만큼 카멜레온의 보호색 연구에 중요한 전환점이 될 거라 생각됩니다.

계절에 따라 털색을 바꾸는 뇌조

뇌조라는 새는 여름철과 겨울철의 털색이 각각 달라요. 카멜레온처럼 순식간에 색이 바뀌는 것은 아니고 햇빛의 양에 따라 여름에는 적갈색, 겨울에는 하얀색으로 변하지요. 물론 피부가 아니라 깃털 색깔만 바꾸는 거예요.

더운 여름에는 털이 짧아졌다가 추운 겨울이 오면 다시 길어지는 동물도 있어요. 고양이를 키우는 친구들은 잘 알 거예요. 털이 긴 장모종 고양이는 5월쯤 털갈이를 하는데, 이때 온 집 안이 고양이 털로 가득하지요.

뇌조도 고양이와 마찬가지예요. 대신 뇌조는 깃털 길이뿐만 아니라 색깔까지 함께 바뀌는 점이 특별하지요. 여름에는 바위와 비슷한 색으로, 겨울에는 눈처럼 새하얀 색으로 확 바뀌지요. 그러니까 뇌조는 험난한 자연 속에서 살아남기 위해 주변 환경과 비슷한 색으로 바꿔 눈에 띄지 않게 몸을 숨기는 거예요.

위장의 달인 문어는 색소 세포를 조절해 순식간에 몸 색깔을 바꿀 수 있어요. 이렇게 색소를 마음대로 조절하는 것은 굉장한 능력이에요. 사람을 비롯한 대부분의 생물은 색소를 자유롭게 바꿀 수 없거든요. 어쩌면 문어는 생물 중에서 최고의 세포를 가졌는지도 몰라요.

검게 그을린 피부는 화상의 증거

사람은 피부색을 원하는 대로 바꿀 수 없지만, 뜨거운 햇볕 아래 살갗을 드러내고 오래 있다가 살갗이 갈색으로 변한 적이 있을 거예요. 바로 자외선에 살갗이 그을리는 거예요. 어떤 사람은 일부러 피부를 태우기도 하는데, 피부색이 짙어지는 것은 자외선에 의한 화상이나 다름없으니 조심해야 해요. 그런데 사람이 선탠을 하는 것도 '의태'라고 할 수 있을까요?

5장
섬뜩한 재주를 자랑하는
벌레잡이 식물

벌레잡이 식물은 잎으로 벌레 같은 작은 동물을 잡아먹는 무시무시한 식물이에요. 식충 식물이라고도 하지요. 벌레잡이 식물의 세계는 그 어떤 세계보다 훨씬 기괴하고 신비롭답니다.

나는 파리를 먹지 않아요!
쥐방울덩굴

쥐방울덩굴은 파리를 통해 번식하는 식물이에요. 쥐방울덩굴은 고약한 냄새를 뿜어서 파리를 유인한 뒤 꽃가루가 있는 방 안에 가두지요. 파리는 그 안에서 파닥파닥 몸부림치다가 온몸에 꽃가루를 묻힌 채 겨우 탈출해요. 그렇게 꽃가루가 잔뜩 묻은 파리가 다른 쥐방울덩굴 꽃에 앉으면 꽃가루받이가 이루어지면서 번식하는 거예요.

그런데 가끔 탈출에 실패하는 파리가 있어요. 쥐방울덩굴은 파리를 잡는 순간 털이 아래로 길어지면서 그 안에 가두는데, ==어느 정도 시간이 흐르면 털이 짧아져 대부분의 파리들이 빠져나가요. 하지만 이때를 놓친 파리는 쥐방울덩굴 안에 갇혀 죽게 된답니다.== 어쩌면 꽃가루가 있는 방에는 죽은 파리들이 득실거릴지도 모르겠네요.

기본 정보

📢	이름	쥐방울덩굴
🔍	분류	쌍떡잎식물류 쥐방울덩굴과
🏠	서식지	한국, 일본, 중국 등지
📏	크기	높이 1.5m, 잎 길이 3~7cm

파리채보다 강력한
파리의 천적
파리지옥

파리지옥은 파리를 유인하기 위해 향기를 풍길 필요가 없어요. 파리지옥 잎사귀가 마치 꽃처럼 보여서 파리가 알아서 꼬이기 때문이지요. 하지만 파리나 다른 벌레들은 파리지옥이 이름 그대로 지옥이라는 사실을 전혀 모른답니다.

파리지옥의 잎 안쪽에는 '감각모'라고 부르는 뾰족한 털이 솟아 있어요. 파리가 감각모를 잇달아 두 번 건드리는 순간, 파리지옥은 먹이가 가까이 온 것을 알아차리고 재빨리 잎을 닫아 버리지요. 제아무리 날쌘 파리라도 일단 파리지옥 안에 갇히면 빠져나갈 방법이 없답니다. 파리지옥은 소화액을 분비하여 파리를 녹여 먹는데, 일주일 남짓 지나면 흡수가 끝나고 파리는 껍질만 남겨져요.

보통 벌레잡이 식물이 서식하는 지역은 땅이 메말라서 식물이 영양분을 얻기 힘들어요. 그래서 자기에게 꼭 필요한 영양분을 흡수하기 위해 파리 같은 곤충을 잡아먹는 것이랍니다.

달콤한 향기로 유혹하는 무서운 암살자
끈끈이주걱

끈끈이주걱 잎에는 보들보들한 샘털이 달려 있어요. ==이 털끝에는 달콤한 향이 나는 끈끈한 액체가 묻어 있는데 마치 꿀처럼 보인답니다. 이 가짜 꿀에 깜빡 속아 침을 삼키며 날아온 곤충은 점액에 앉는 순간 옴짝달싹 못 하게 돼요.== 달아나려고 몸부림치면 칠수록 더 단단하게 들러붙지요. 이윽고 끈끈이주걱이 잎을 안쪽으로 말아서 붙잡은 곤충을 꽁꽁 가두어요. 그다음 샘털에서 소화액이 나오면 맛있는 식사가 시작되지요. 달콤한 향기에 깜빡 속은 곤충은 이렇게 안타까운 최후를 맞이합니다.

끈끈이주걱은 밑부분이 좁은 잎자루 모양새가 마치 밥주걱 같아서 붙여진 이름이에요. 이외에 잎이 곧고 기다란 긴잎끈끈이주걱도 있어요. 긴잎끈끈이주걱은 긴 잎으로 벌레를 돌돌 말아서 잡아먹는데, 마치 뱀이 새를 먹어 치우는 모습과 비슷하답니다.

꿈틀

살려 줘!

기본 정보

이름	끈끈이주걱
분류	쌍떡잎식물류 끈끈이주걱과
서식지	북반구의 온대~난대
크기	10~20cm

쥐도 잡아먹는 식물계의 대식가
벌레잡이통풀

벌레잡이통풀은 커다란 주머니가 달린 식물이에요. <mark>곤충들은 벌레잡이통풀이 뿜어내는 달콤한 향기에 취해 주머니 안으로 쏙 들어가지요. 사람에게는 그저 고약한 악취에 불과한데 말이에요.</mark>

만약 쥐가 실수로 발을 헛디뎌서 벌레잡이통풀의 주머니 안에 빠지면 어떻게 될까요? 아마 쥐는 아무리 애써도 절대 빠져나오지 못할 거예요. 주머니 안에 가득 든 소화액이 무척 미끄럽거든요. 소화액에 빠진 쥐는 서서히 분해되어 벌레잡이통풀의 영양분으로 흡수되고 결국 뼈만 남는답니다.

벌레잡이통풀은 사람들의 상상 속에서만 존재하다가 2007년에 처음 발견되었답니다. 주로 중국, 말레이시아 등 열대 아시아 지역에서 자라는데, 지역에 따라 모양과 성질이 조금씩 달라요.

기본 정보

📢	이름	벌레잡이통풀(네펜데스)
🔍	분류	쌍떡잎식물류 벌레잡이통풀과
🏠	서식지	중국, 말레이시아 등지
📏	크기	주머니 높이 30cm, 지름 16cm

5장 섬뜩한 재주를 자랑하는 벌레잡이 식물

조개처럼 입을 여닫는 날렵한 사냥꾼
벌레잡이말

벌레잡이말은 물속을 이리저리 떠돌면서 물벼룩같이 작은 플랑크톤을 잡아먹으며 살아요. 아메리카 대륙을 제외한 전 세계 어디에서나 볼 수 있지요.

벌레잡이말은 언뜻 보면 그저 물의 흐름에 몸을 맡긴 채 정처 없이 돌아다니는 것 같아요. 그래서 날쌔거나 약삭빠른 것과는 거리가 멀어 보이지만, 막상 먹이를 사냥하는 솜씨를 보면 입이 쩍 벌어진답니다.

벌레잡이말 잎에는 가느다란 털인 '감각모'가 촘촘히 나 있는데, 물벼룩이 이 감각모를 건드리기만 해도 번개처럼 바르게 잎을 닫아 버려요. ==사냥 방법이 파리지옥과 비슷하지만 속도는 벌레잡이말이 훨씬 빠르답니다.== 파리지옥은 벌레가 감각모를 두 번 건드릴 때까지 기다리지만, 벌레잡이말은 한 번만 건드려도 바로 잎을 닫아 버리거든요. 이렇게 잡은 먹이는 소화액으로 녹여 영양분을 흡수한답니다.

기본 정보

📢	이름	벌레잡이말
🔍	분류	쌍떡잎식물류 끈끈이귀갯과
🏠	서식지	아시아, 유럽, 아프리카, 오스트레일리아
📏	크기	줄기 길이 6~30cm

> 칼럼 **은밀하고 위대한 번식 계획**

다양한 곳으로 종족을 퍼뜨리는 똑똑한 도토리

엉큼한 속셈을 가진 식물

이 책에서 소개하고 있는 생물들은 하나같이 자기가 이기적이고 약삭빠르게 보인다는 사실을 전혀 모를 거예요. 특히 약육강식의 본능이 없는 식물은 이기적으로 행동하려는 의도는 없었을 거예요.

하지만 우리는 벌레잡이 식물을 살펴보면서 식물에게도 벌레 같은 작은 동물을 잡아먹으려는 강력한 의지가 있다는 걸 알 수 있었어요. 의지가 없다면 잎을 콱 닫아 버리거나 향기를 풍기는 일조차 하지 않겠지요. 참 신기한 일이에요. 또한 식물이 파리 같은 곤충에게 꽃가루를 운반하게 해서 번식하는 것도 놀랍고요. 어떻게 다른 생물의 힘을 빌어 번식할 생각을 했을까요? 우연히 일어난 일이라고 하기에는 어쩐지 미심쩍지 않나요?

지금 이야기하려는 도토리도 마찬가지예요. 도토리는 상수리나무, 졸참나무, 떡갈나무 등의 참나뭇과 나무에 열리는 열매지요. 잘 알다시피 여러 동물들이 겨우내 먹을 식량으로 도토리를 저장하지요. 이렇게 땅속에 묻히는 도토리는 동물들이 먹는 열매이면서 동시에 싹을 틔우는 씨앗이기도 해요.

다람쥐는 땅에 깊이 3센티미터 정도의 구멍을 판 뒤 도토리를 묻는데, 놀랍게도 3센티미터 깊이는 도토리에서 싹이 트기 딱 좋은 위치랍니다. 한편 쥐는 땅속 깊이 구멍을 판 뒤 무려 50개나 되는 도토리를 저장한다고 해요.

새를 통해 멀리멀리 퍼져 나가는 도토리

어치라는 새도 도토리를 주워서 낙엽 밑에 감추는 습성이 있어요. 이렇게 모아 둔 도토리를 꺼내 먹으면서 추운 겨울을 나는 똑똑한 새랍니다. 하지만 동물들이 숨긴 도토리가 모두 동물의 먹이가 되는 건 아니에요. 일부는 땅속에 그대로 남아 있다가 봄이 오면 싹을 틔우지요.

어치는 새라서 당연히 멀리 날아갈 수 있어요. 다시 말해 도토리도 멀리 가져갈 수 있다는 뜻이지요. 그러니까 도토리는 어치 덕분에 서식지를 넓힐 수 있답니다. '자식을 많이 남겨야지!' 하고 결심한 것도 아닌데, 저절로 자손이 퍼져 나가는 셈이에요. 자신은 아무것도 하지 않으면서 다른 동물의 손을 빌려 종족을 늘리다니 정말 얄밉다고요? 하지만 이런 식물이 있어야 동물들도 생명을 유지하고 번식할 수 있어요. 다람쥐와 쥐와 어치는 모두 도토리를 먹으며 살아가니까요.

이것이 바로 생태계의 공생이에요. 식물과 동물은 서로 돕고 의지하면서 살아가요. 한 가지 분명한 것은, 약삭빠르고 똑똑할수록 생존에 훨씬 유리하답니다.

가장 강력하고 약삭빠른 바이러스

6장

바이러스는 먼지보다 훨씬 작지만 아주 강력한 힘을 지니고 있어요. 감기처럼 가벼운 질병부터 코로나같이 무서운 전염병까지 모두 일으킬 수 있지요. 눈에 보이지 않지만 엄청난 존재감으로 전 세계를 장악한 바이러스의 실체를 살펴보아요.

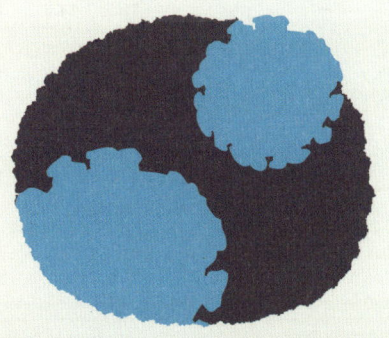

마법처럼
살아 움직이는
무서운 침입자
바이러스

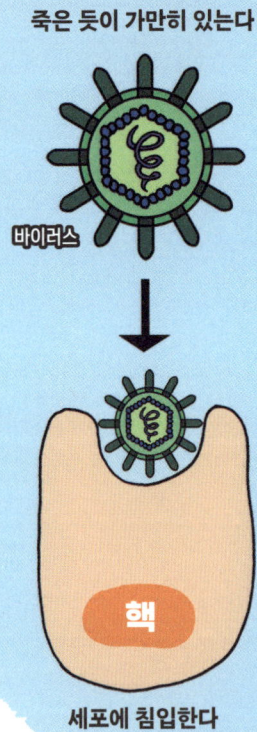

바이러스는 혼자 살아갈 수 없어요. 생물처럼 움직이고, 먹고, 성장하는 활동을 혼자서 하지 못한답니다. 그래서 몇몇 과학자들은 바이러스가 생물이 아니라고 주장하지요. 실제로 바이러스는 다른 생물이 먹고, 싸고, 번식하는 동안에도 죽은 듯이 가만히 있어요. 죽었는지 살았는지 도통 알 길이 없지요.

하지만 바이러스가 세포 안에 들어가면 마법처럼 살아 움직이며 유전자를 복사해 새 바이러스를 만들어요. 이때 세포에 기생하기도 하고, 세포를 파괴시켜 감염을 발생시키기도 해요.

이처럼 혼자서 살아가지 못하고 숙주에 들어가서야 활동하는 바이러스는 생물과 무생물의 중간자라고 할 수 있어요.

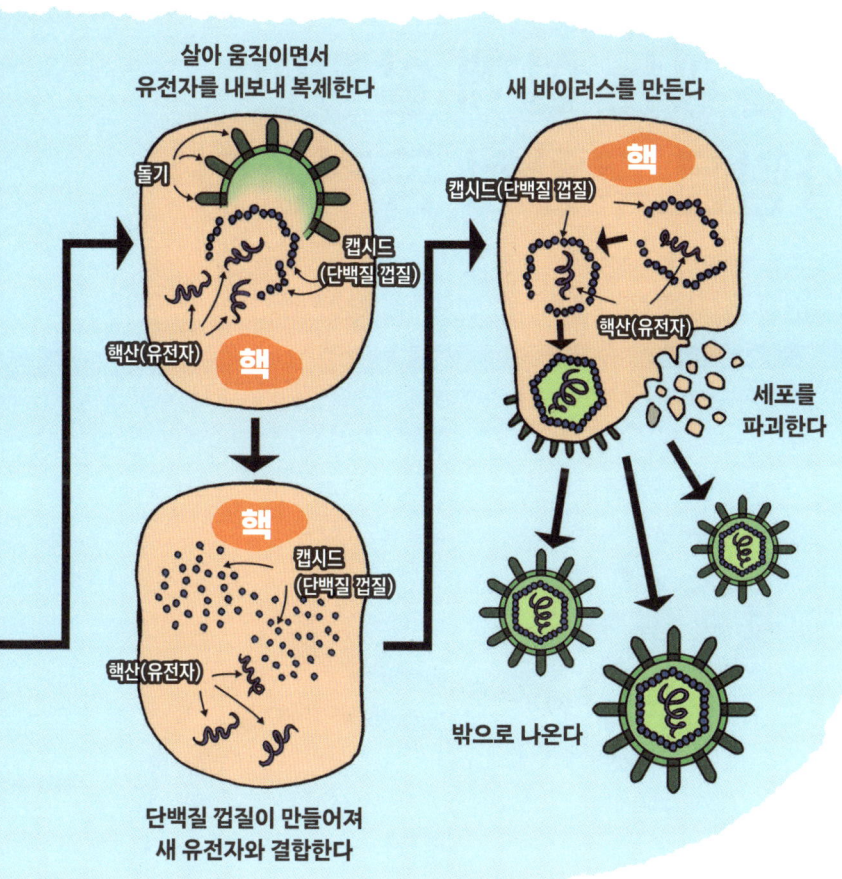

기본 정보	
이름	바이러스
분류	바이러스
서식지	전 세계
크기	대부분 100nm

*1나노미터=10억 분의 1미터

동물과는 함께 살지만 사람은 무참히 공격한다!
에볼라 바이러스

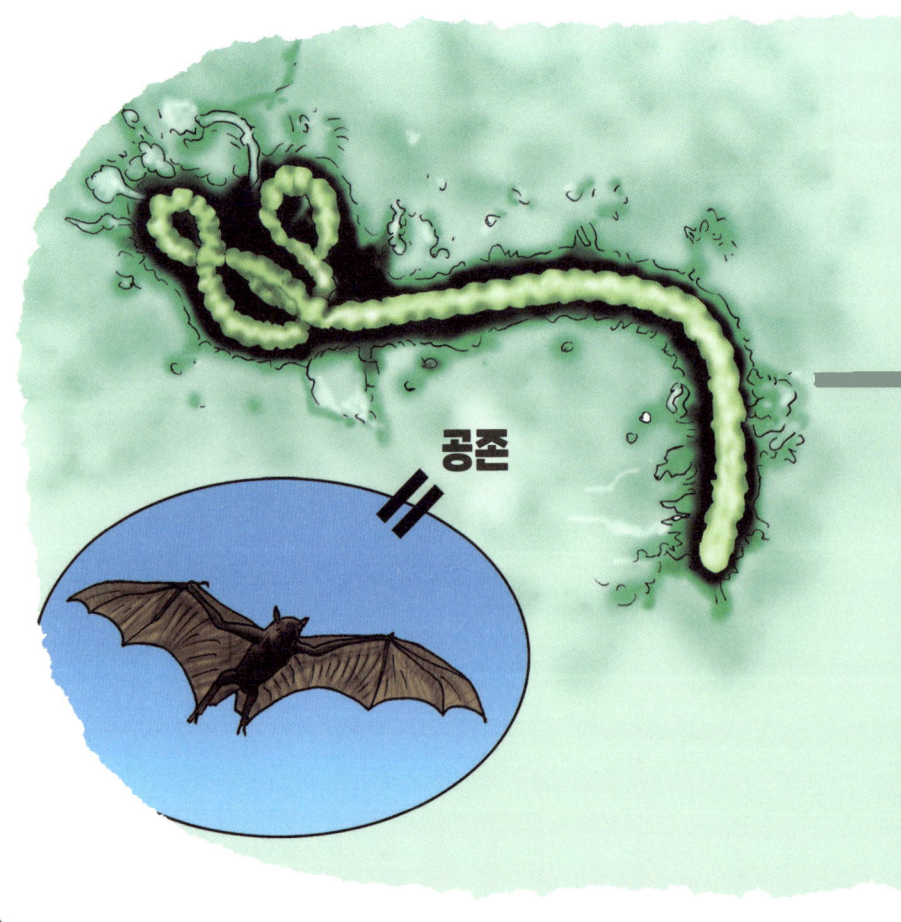

에볼라 바이러스에 감염되면 갑자기 열이 오르고 두통과 현기증에 시달리며 심하면 피도 나요. 이렇게 고통이 극심한 데다 제때 치료받지 않으면 목숨을 잃을 만큼 무서운 바이러스예요.

에볼라 바이러스는 박쥐 몸속에서 처음 생겨났다고 추측하고 있어요. 박쥐는 에볼라 바이러스에 감염되더라도 전혀 아프지 않는데요. 그 이유는 바로 ==에볼라 바이러스가 자신이 기생하고 있는 숙주인 박쥐의 죽음을 원치 않기 때문이에요. 에볼라 바이러스는 박쥐와 함께 살아가는 '공존'을 선택한 셈이지요.==

반면 에볼라 바이러스에 감염된 사람은 강력한 에볼라 바이러스를 견디지 못하고 금방 사망했어요. 이렇게 감염자들이 빨리 죽는 바람에 에볼라 바이러스는 인간을 숙주로 삼아 종족을 번식하는 데 실패하고 말았지요. 덕분에 에볼라 바이러스가 순식간에 사그라질 수 있었답니다.

공격 →

기본 정보

이름	에볼라 바이러스
분류	필로 바이러스과
서식지	아프리카
크기	평균 970nm

*1나노미터=10억 분의 1미터

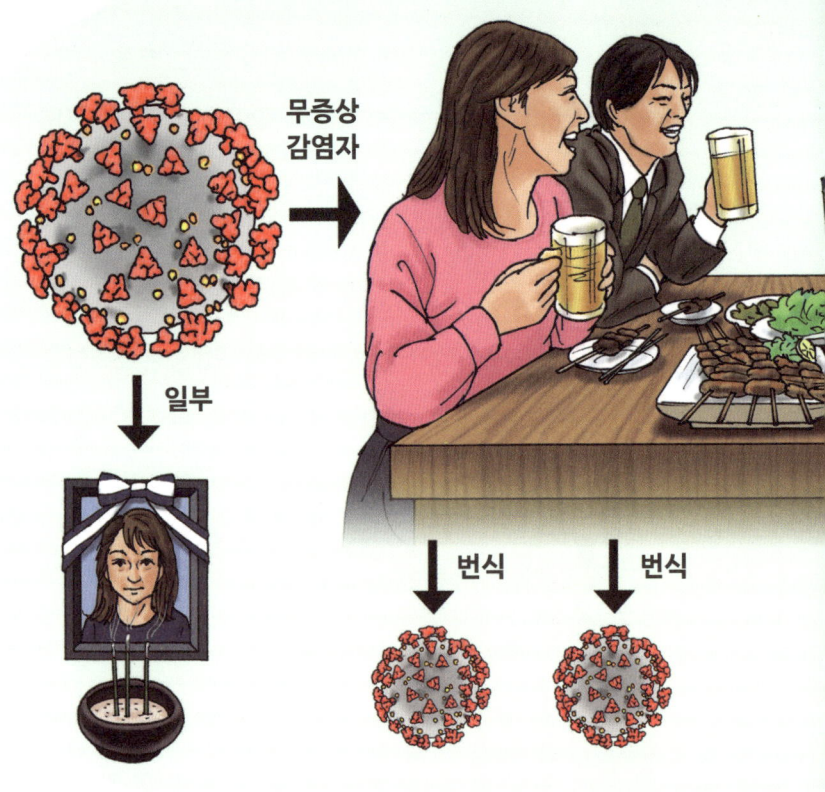

무증상 감염자를 만드는 교활한 바이러스
신종 코로나 바이러스

기본정보

- 이름: 신종 코로나 바이러스
- 분류: 코로나 바이러스과
- 서식지: 전 세계
- 크기: 100nm
  *1나노미터=10억 분의 1미터

번식

신종 코로나 바이러스의 가장 큰 특징은 감염되어도 증상이 잘 나타나지 않는다는 거예요. 그래서 감염자는 자기가 감염된 줄도 모른 채 다른 사람에게 바이러스를 퍼뜨리게 되지요. 이것이 바로 신종 코로나 바이러스가 바라는 바예요. 바이러스의 목적은 사람을 죽이는 것이 아니라 종족 번식에 있거든요. ==감염자가 사망하면 바이러스는 번식할 기회를 잃어 버리기 때문에 무증상 감염자가 바이러스를 많이 퍼뜨려 자신의 종족을 늘리는 것이 신종 코로나 바이러스의 생존 전략이랍니다.==

신종 코로나 바이러스에 감염된 사람들 중 일부는 생명이 위독해져 치료를 받다가 사망하기도 해요. 하지만 이건 신종 코로나 바이러스가 원하는 결과가 아니에요. 모든 바이러스는 감염된 숙주가 살아남아 자신의 바이러스를 계속 전파하기를 바란답니다.

끊임없이 모습을 바꾸는 변신의 달인
인플루엔자 바이러스

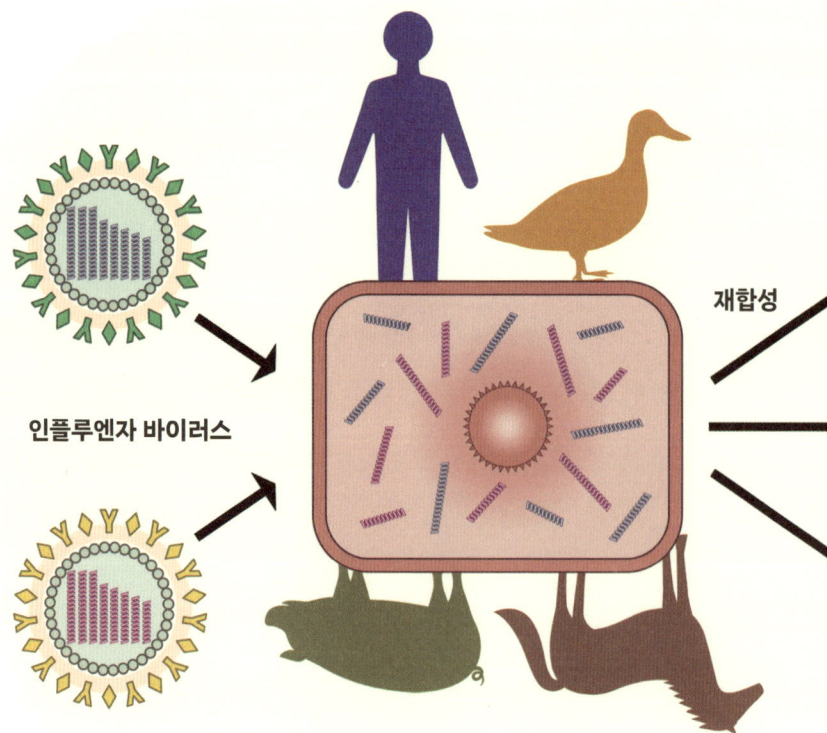

신종 코로나 바이러스는 변신을 거듭하면서 중국에서 처음 발생했을 때와는 성질이 많이 달라졌다고 해요. 그런 <mark>신종 코로나 바이러스보다 더 자주 변신하는 바이러스가 바로 인플루엔자 바이러스예요. 겉모습만 조금 바뀔 때도 있고, 전혀 몰라볼 정도로 완전히 달라질 때도 있지요.</mark> 인플루엔자 바이러스는 보통 서로 다르게 생긴 인플루엔자 바이러스들이 동물의 세포 속에 들어가 유전자를 분해하고 재합성하여 새로운 모습으로 변한답니다.

과학자들은 인플루엔자 바이러스가 어떻게 변할지 예측해서 백신을 만들어요. 하지만 바이러스는 한 계절 동안에도 여러 번 변하기 때문에 과학자들의 예측이 빗나갈 때도 많아요. 빗나간 예측으로 만든 백신은 맞아도 예방 효과가 기대보다 낮을 수 있답니다.

변이 바이러스

→ 환경에 부적합하여 사라진다

→ 새로운 바이러스가 만들어진다

기본 정보

📢	이름	인플루엔자 바이러스
🔍	분류	오르토믹소 바이러스과
🏠	서식지	전 세계
📏	크기	대부분 80~120nm

*1나노미터=10억 분의 1미터

바이러스계의 거인
미미 바이러스

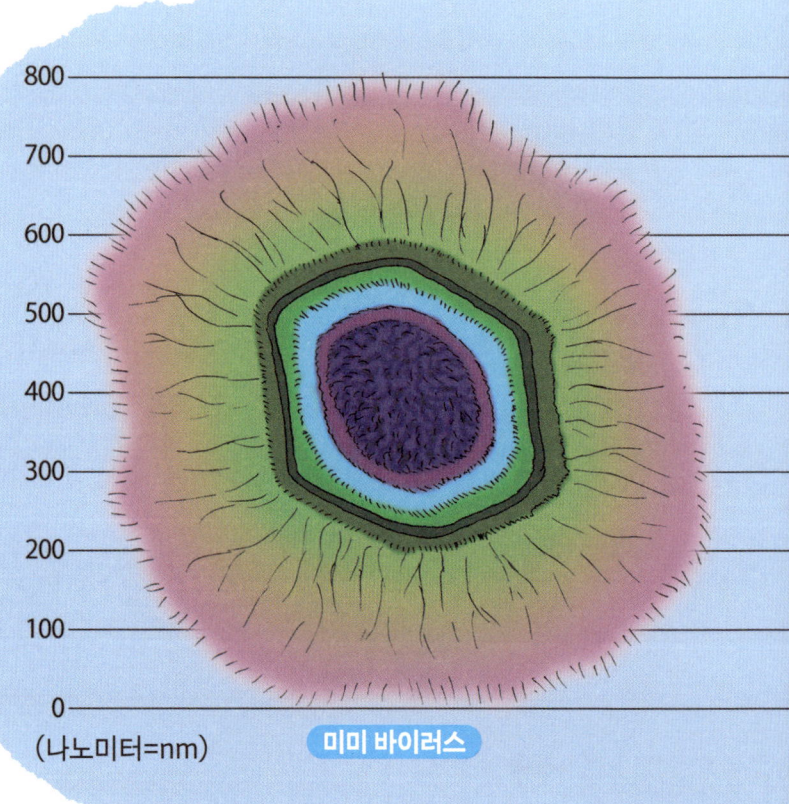

6장 가장 강력하고 약삭빠른 바이러스

바이러스의 크기는 보통 100나노미터 정도예요. 1미터를 1,000만 개로 똑같이 나누어 자른 크기지요. 그런데 1992년에 처음 발견된 미미 바이러스는 놀랍게도 800나노미터에 달했어요. 바이러스보다 훨씬 큰 세균과 거의 맞먹는 크기였지요. 그래서 처음에는 많은 과학자들이 세균으로 착각해 영국의 브래드퍼드 지역에서 발견된 동그란 세균이라는 뜻으로 '브래드퍼드 구균'이라는 이름까지 지어 주었답니다.

그런데 세균이라면 당연히 있어야 할 단백질을 만드는 유전자가 보이지 않았어요. 과학자들은 그제서야 이것이 세균이 아니라 바이러스라는 사실을 알아차렸고, ==보통 바이러스보다 훨씬 큰 몸집으로 세균인 척한다는 의미로 '미미 바이러스'라고 부르게 됐지요.== 하지만 엄밀히 말하면 미미 바이러스가 사람을 속인 적은 없어요. 사람이 마음대로 착각했을 뿐이랍니다.

진짜 크다!

보통 바이러스

기본 정보

🔊	이름	미미 바이러스
🔍	분류	미미 바이러스과
🏠	서식지	영국 브래드퍼드에서 발견
📏	크기	800nm

*1나노미터=10억 분의 1미터

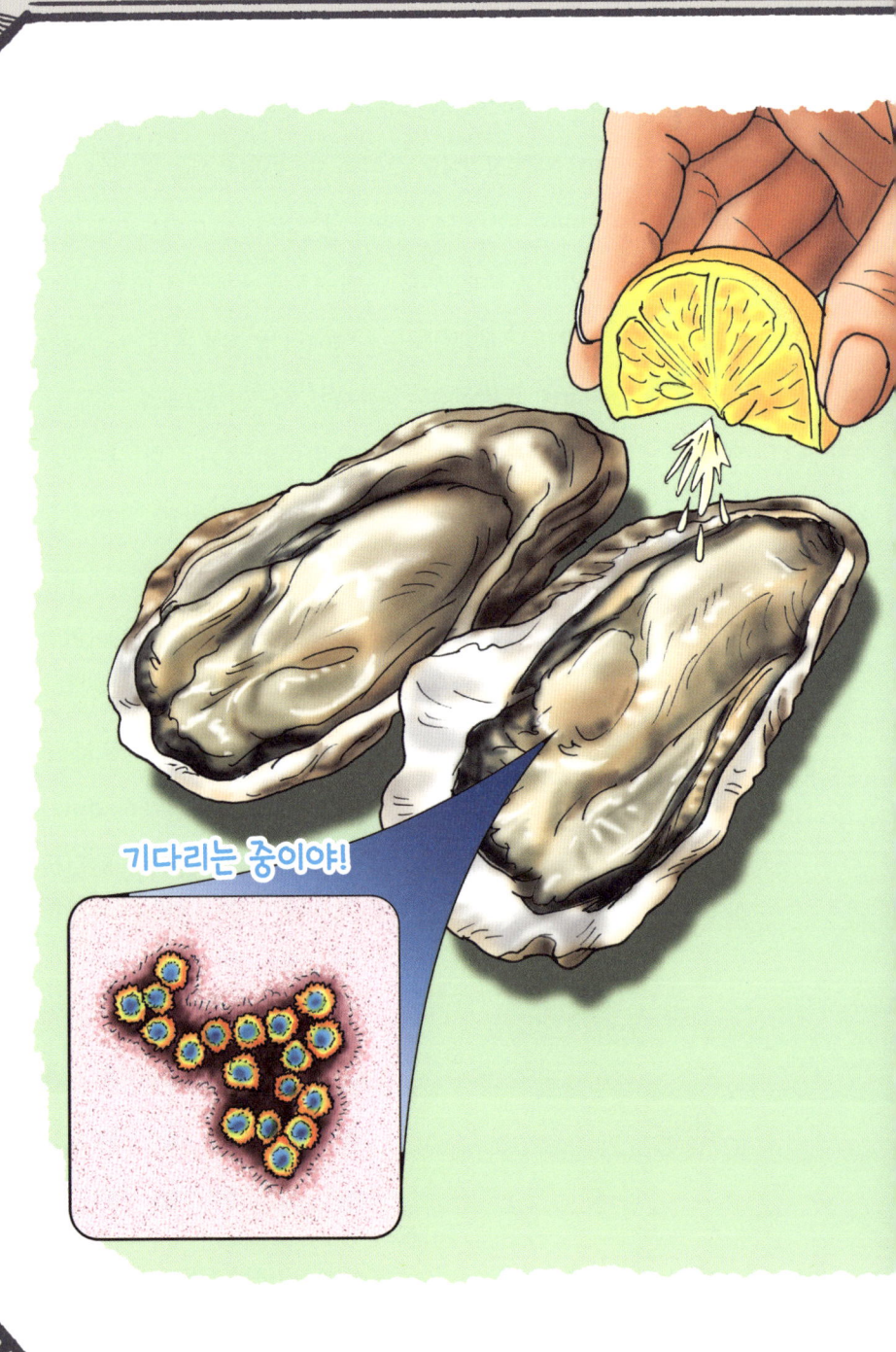

조개류에 숨어 호시탐탐 기회를 노린다!
노로 바이러스

바이러스 중에서도 노로 바이러스의 크기는 특히 작아요. 하지만 작다고 얕보아선 안 돼요. 우리 몸에 침입해 증식하는 힘은 상상을 초월하거든요. 노로 바이러스가 몸속에 들어와 감염되면 위장에 염증이 생겨 며칠 동안 구토와 설사에 시달리게 돼요. 심하면 목숨을 잃기도 한답니다.

==노로 바이러스는 감염자의 몸에서 나온 분비물, 즉 구토와 설사 따위를 통해 퍼져 나가요.== 이 분비물은 강과 바다로 흘러 들어가 굴 같은 조개류 안에 쌓이지요. 노로 바이러스는 이렇게 조개류 안에 꼭꼭 숨어서 다시 사람의 몸속으로 들어갈 기회를 호시탐탐 노려요. 그래서 노로 바이러스가 숨은 조개를 잘못 먹으면 식중독에 걸리는 거예요. 노로 바이러스는 식중독을 통해서 더 멀리 퍼져 나간답니다.

기본 정보

이름	노로 바이러스
분류	칼리시 바이러스과
서식지	전 세계
크기	30~38nm

*1나노미터=10억 분의 1미터

칼럼 바이러스의 두 얼굴

인간을 죽이기도 하고 살리기도 하는 바이러스

인간은 다양한 질병에 고통받으며 살아왔어요. 대표적으로 1918년에 발생한 스페인 독감은 전 세계에서 약 5,000만 명의 목숨을 앗아 갔지요. 스페인 독감의 원인은 다름 아닌 인플루엔자 바이러스였어요. 또 1983년에 처음 발견된 인간 면역 결핍 바이러스(HIV)로 사망한 사람은 지금까지 3,500만 명이 넘는답니다.

우리는 지금 '코로나 시대'를 살아가고 있어요. 2019년 12월에 느닷없이 나타난 신종 코로나 바이러스는 세상을 발칵 뒤집어 놓았지요. 2021년 7월 기준 전 세계 400만 명이 넘는 사람이 신종 코로나 바이러스로 목숨을 잃었고, 확진자는 1억 8,600만 명을 훨씬 웃도는 수준입니다. 더 큰 문제는 이 바이러스가 지금도 기세등등하게 세력을 넓히고 있다는 점이에요.

또한 코로나 때문에 세계 경제는 불황의 늪에 빠져 허우적대고 있어요. '사회적 거리 두기'를 실시하면서 학교 수업은 대부분 원격 온라인 수업으로 바뀌었고, 출근하는 대신 집에서 재택근무를 하는 회사원이 늘어났지요.

예전처럼 보고 싶은 친구나 친척도 마음대로 만날 수 없게 되었답니다.

수많은 사람의 생명을 앗아 가는 바이러스는 분명 우리에게 위협적인 존재예요. 그럼 바이러스는 모두 인간의 적일까요? 무조건 나쁜 걸까요? 하지만 그렇게 딱 잘라 말하기는 어려워요.

사람의 태반을 만든 바이러스

사람은 조류나 곤충처럼 알로 태어나지 않아요. '태아'라는 이름으로 엄마 배 속에서 열 달 동안 지내다가 세상 밖으로 나오지요. 여성이 임신을 하면

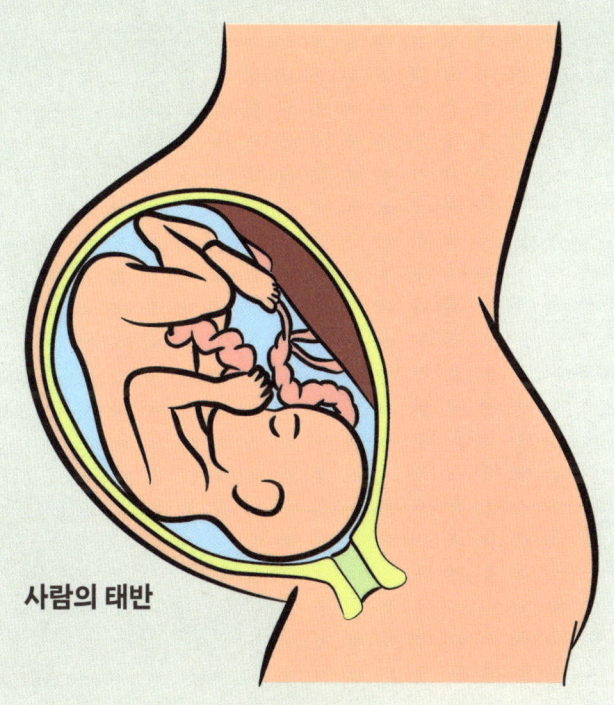

사람의 태반

몸속에 태아를 지켜 주는 태반이 만들어져요. 거의 모든 포유류가 태반을 가지고 있지만, 캥거루와 오리너구리는 태반이 없답니다.

일부 과학자들은 바이러스가 없었다면 사람도 이 세상에 존재할 수 없었다고 주장해요. 아이가 태어나는 데 결정적인 역할을 하는 세포가 바이러스에서 유래했기 때문이에요.

'신사이틴'에 대해 들어 본 적이 있나요? 태반을 둘러싸고 있는 얇은 막이 바로 단백질 유전자인 신사이틴이에요. 신사이틴 없이는 태반이 제대로 생기지 않지요. 신사이틴이 만든 막은 엄마와 태아의 혈액이 섞이지 않도록 막아 주고, 태아에게 영양소와 산소를 공급하는 역할을 한답니다.

이렇게 중요한 신사이틴이 옛날에는 바이러스 유전자였다고 해요. 아주 먼 옛날, 사람의 세포 속에 들어온 바이러스 유전자가 지금까지 같이 살면서 태반을 만드는 중요한 역할을 하고 있는 것이지요.

바이러스 덕분에 진화했다고?

바이러스는 혼자 힘으로는 살 수 없고 숙주에 빌붙어야만 살 수 있어요. 그래서 생물로 온전히 인정받지 못하고 있지요. 하지만 세상에서 가장 큰 꽃을 피우는 것으로 유명한 라플레시아도 숙주에 기생해 살아가지만 엄연한 '식물'이에요. 라플레시아는 바이러스와 마찬가지로 일부 유전자가 없어서 기생하는 식물의 유전자를 빌려 살아간답니다. 그럼 어떤 기능이 조금 부족한 바이러스도 생물이라고 할 수 있지 않을까요?

모든 생물은 서로 도우면서 더불어 살아가요. 사람에 기생하여 온갖 질

병을 일으키는 바이러스도 사람의 진화 과정에 도움을 줬을 가능성이 있는 것처럼요. 기생해서 살아가는 라플레시아가 세상에서 가장 큰 꽃을 피우듯이, 먼지보다 작은 바이러스가 인간의 진화에 가장 큰 역할을 맡고 있을지는 아무도 모르는 일이랍니다.

거대한 기생 식물 라플레시아

끝마치며

6장에서는 특별히 바이러스에 관해 다루어 보았어요. 신종 코로나 바이러스가 전 세계를 장악한 이때 바이러스란 과연 무엇인지 깊이 생각해 보면 좋을 것 같았지요. 바이러스는 살았는지 죽었는지 딱 꼬집어 말하기 힘든, 생물과 무생물의 중간적 존재이긴 하지만요. 하지만 번식력만큼은 누구에게도 뒤지지 않을 정도로 어마어마해요. 그래서 어떤 학자들은 바이러스도 생물이라고 주장한답니다.

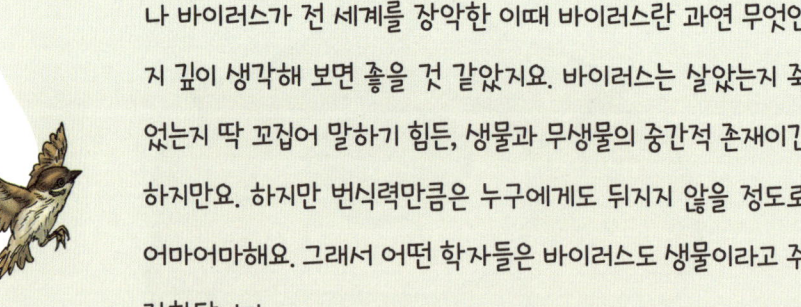

신종 코로나 바이러스가 여전히 활개를 치는 가운데 이미 전 세계에서 400만 명 넘게 목숨을 잃었어요. 한국에서도 2,000명이 넘는 사망자가 나왔지요. 신종 코로나 바이러스는 유래를 찾기 힘들 정도로 강력하고 치명적인 바이러스지만, 백신 접종이 차근차근 이루어지고 있으니 곧 물리칠 수 있을 거예요.

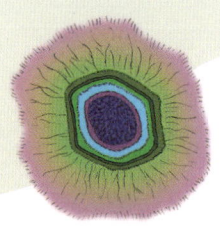

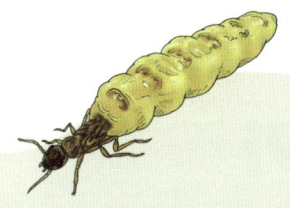

또 벌레잡이 식물도 소개했어요. 앞서 말했듯이 벌레잡이 식물은 아주 척박한 땅에서 자라요. 땅에서 영양분을 충분히 얻지 못하기 때문에 벌레 같은 작은 동물을 잡아먹어서 영양분을 보충하는 것이지요. 우리는 이를 통해 식물에게도 동물 못지않은 생존 능력이 있다는 사실을 알 수 있었어요. 달콤한 향기를 뿜어서 동물을 유인하거나 꽃인 척 위장해 함정에 빠뜨리는 것도 식물의 고유한 능력이지요.

이처럼 모든 생물은 저마다 뛰어난 생존 기술을 가지고 있으며, 이를 적절히 잘 활용하면서 열심히 살아가요. 바이러스에서부터 벌레잡이 식물에 이르기까지 우리는 모두 함께 지구를 만들어 가는 소중한 존재들이랍니다.

찾아보기

ㄱ
- 가는손부채게 ········· 102~103
- 갈색얼가니새 ········· 74~75
- 검독수리 ········· 58~59, 75
- 검은눈썹앨버트로스 ········· 76~77
- 검정알벌 ········· 126~127
- 공벌레 ········· 16
- 괭이갈매기 ········· 80~81
- 기린 ········· 34~35
- 깨다시하늘소 ········· 118~119
- 끈끈이주걱 ········· 146~147

ㄴ
- 나무발바리 ········· 68~69
- 나비잠자리 ········· 120~121
- 난초사마귀 ········· 132~133
- 너구리 ········· 46~47
- 노랑씬벵이 ········· 15, 90~91
- 노로 바이러스 ········· 166~167
- 뇌조 ········· 139~140
- 누 ········· 48~50

ㄷ
- 도둑갈매기 ········· 62~63
- 돌고래 ········· 40~41
- 두루미 ········· 56~57

ㄹ
- 리카온 ········· 20~21

ㅁ
- 말미잘 ········· 14, 102~103
- 말총벌 ········· 122~123
- 모기 ········· 16

	무당벌레	14, 116~117
	물개	36~37
	미미 바이러스	164~165
	미어캣	26~27
	민꽃게거미	15, 130~131
ㅂ	바이러스	156~157
	백상아리	86~87
	뱀눈검정해삼	84~85
	벌레잡이말	150~151
	벌레잡이통풀	148~149
	베짜는새	66~67
	별코두더지	38~39
	불곰	32~33
	불산호	88~89
	빨판상어	14
ㅅ	사자	18~19, 48~50, 109~110
	산개미거미	112~113
	상어	14, 108~109
	성게	85
	솔개	70~71
	신종 코로나 바이러스	160~161, 168, 172
ㅇ	에볼라 바이러스	158~159
	얼룩말	34~35
	오랑우탄	30~31
	육니청벌	124~125
	인플루엔자 바이러스	162~163, 168
ㅈ	자주복	94~95
	자폭개미	114~115
	제비갈매기	72~73

175

	조릴라	44~45
	주머니쥐	46
	쥐방울덩굴	142~143
ㅊ	참새	64~65, 79
	촉수뱀	106~107
ㅋ	카멜레온	138~139
	코모도왕도마뱀	104~105
	코요테	24~25
	큰까마귀	54~55
	큰입멍게	92~93
ㅌ	타조	60~61
	톱니뿔매미	128~129
ㅍ	파란갯민숭달팽이	96~97
	파리지옥	144~145
	파자마 카디널 피시	100~101
	판다	42~43
	펭귄	81~82
	표범	22~23
	푸른등무희새	52~53
	필로소마	98~99
ㅎ	호랑나비 애벌레	134~135
	호랑이	28~29
	호사도요	78~79
	흉내문어	15
	흰개미	136~137
	흰꼬리수리	56~57
	흰동가리	14